GIULIO
ANDREOTTI

1947

L'anno *delle* grandi svolte
nel diario *di un* protagonista

Rizzoli

ISBN 88-17-00718-8

Prima edizione: maggio 2005

PREFAZIONE

Dal settembre 1945 ho iniziato ad annotare ogni giorno – spesso per cenni, alcune volte con una certa ampiezza – eventi e impressioni della vita pubblica. Le prime note commentano l'emozionante seduta inaugurale della Consulta Nazionale della quale per l'età fui segretario provvisorio e potei dal banco della presidenza veder seduti personaggi autenticamente storici, come Benedetto Croce e Francesco Saverio Nitti.

L'incarico di collegamento tra De Gasperi e «Il Popolo» mi offriva una fonte diretta di notizie e di commenti, che i colleghi della stampa registravano con non poca invidia. L'anno successivo, i momenti decisivi nella scelta istituzionale e la personale esperienza di candidato alla Costituente dettero al diario un impulso di qualità e di particolare rilievo.

E così via.

Non avevo mai pensato di pubblicare il mio diario. Feci un'eccezione, ma per sintesi, per gli anni 1976-79 dovendo rettificare idee non giuste che circolavano attorno al governo della Solidarietà Nazionale o, meglio, della «non sfiducia».

Diario, documenti, ritagli di stampa, carteggi: è tutto nel mio archivio e un giorno qualcuno deciderà se mantenerlo e riordinarlo oppure destinare il tutto a quelle raccolte che una volta si chiamavano per la *Sacra Famiglia*. Non ho gradito affatto la garbata proposta, ricevuta tempo fa da un dirigente degli Archivi di Stato, di farmi dare una mano *fin d'ora* a mettere ordine e classificare. No, grazie. Comunque posso assicurare che nessuno troverà nei miei armadi scheletri o disegni di trame, come talvolta per malizia politica qualcuno ha insinuato.

L'idea di fare un'altra eccezione e di pubblicare il diario del 1947 integralmente mi è venuta nel corso degli incontri svoltisi per commemorare i cinquanta anni dalla morte del Presidente De Gasperi. Perché la coalizione governativa antifascista, che aveva brillantemente traversato il guado istituzionale, si infranse? E quali ripercussioni ebbe la rottura sul lavoro istituzionale nell'Assemblea Costituente che era a mezza strada? Sono domande poste in particolare dai giovani nelle università.

Perché il 1947? Perché fu un anno di grandi svolte, a cominciare dai primi giorni di gennaio quando maturò la separazione dei socialisti democratici di Saragat dal partito di Pietro Nenni, legato a filo doppio ai comunisti, anche se essi mantenevano una distinzione formale (camminare *divisi* per colpire *uniti*).

Da parte loro i comunisti, mentre sul piano interno cercavano di mantenere il collegamento con la Democrazia Cristiana e con gli altri partiti antifascisti, erano sempre più condizionati dai disegni egemonici ed espansivi del governo di Mosca. Già nel corso della

Conferenza di Pace Togliatti si era recato a Parigi, ignorando la delegazione e l'ambasciata italiana, per incontrare presso la rappresentanza dell'URSS i suoi datori di lavoro durante l'esilio.

Il viaggio del Presidente De Gasperi negli Stati Uniti caratterizzò questo decisivo 1947. Era la riammissione dell'Italia nel contesto internazionale; e non a caso il nostro Presidente non aveva accettato l'invito accademico per una Conferenza a Cleveland fino a quando non era stato sicuro di ottenere incontri al massimo livello governativo con concrete prospettive di solidi aiuti finanziari per la ricostruzione.

Che Washington – finito ormai l'idillio della cobelligeranza con i russi – guardasse con diffidenza o peggio ai comunisti italiani (e agli altri) è più che naturale. Sarà anzi a lungo il loro cruccio con atteggiamenti anche provocatori (la signora Luce verso De Gasperi) e comunque spietati (dichiarazione di Portorico insieme a francesi, tedeschi e inglesi contro l'apertura a sinistra di Moro).

De Gasperi però tenne a dire che nel suo soggiorno laggiù nessuno gli aveva parlato, né lui aveva fatto cenno, a problemi di partiti italiani.

Al rientro in Italia trovò il ministro degli Esteri Nenni dimissionario a seguito della scissione saragatiana che lo obbligava a dedicarsi interamente al partito, peraltro non intenzionato a distaccarsi dal governo, tanto più che Saragat pensava a un periodo di opposizione o almeno di astensione per pubblicizzare a tempo pieno la socialdemocrazia.

Ma De Gasperi non ritenne matura la svolta governativa. Tra l'altro era necessario concludere il dibattito parlamentare sul Trattato di Pace. Occorre aggiungere anche il delicato problema della definizione costituzionale dei rapporti tra Stato e Chiesa.

Nacque così il governo del 2 febbraio con Sforza agli Esteri; tre ministri comunisti (Gullo, Sereni e Ferrari) e tre socialisti (Cacciatore, Morandi e Romita).

Furono mesi paradossali. In Consiglio dei Ministri non si avevano che complimenti per De Gasperi. Ma la parola d'ordine del PCI era di segno totalmente opposto, con tematiche contraddittorie (negando l'esistenza di aiuti americani e polemizzando per le finalità strumentali degli aiuti stessi) e con prese di posizione durissime di Togliatti in persona, tra l'altro definendo *cretini* gli americani.

Nel maggio si arrivò alla crisi. De Gasperi era deciso a estromettere i comunisti e i loro soci. Tra i dirigenti della Democrazia Cristiana, pur condividendo la condanna dell'asservimento della sinistra ai sovietici, si riteneva che la loro estromissione provocasse reazioni non sostenibili della piazza. Nel diario ho annotato alla lettera il drammatico dibattito in direzione.

Con grande sorpresa da parte mia De Gasperi mi volle sottosegretario alla presidenza, e vissi con tanta emozione quelle settimane di collaudo. Il momento cruciale lo avemmo a Venezia, dove i comunisti avevano mobilitato fin dall'alba i compagni per disturbare al massimo il comizio del Presidente in piazza San Marco.

Riuscirono a non far parlare De Gasperi perché, sperimentando per la prima volta i fumogeni, la polizia sbagliò in pieno direzione; e la loggia fu avvolta da una nube lacrimogena insieme alla metà del pubblico a noi favorevole. Ma non vi fu nessun esito travolgente per il governo. Anzi. Poco dopo avemmo, però, un fatto terribile, alla vigilia esatta delle elezioni amministrative romane. Un nostro giovane studente, Gervasio Federici, fu aggredito a coltellate da alcuni comunisti e morì dissanguato. Certamente non era stato un preciso ordine del partito, ma l'atmosfera intanto l'avevano creata. L'opinione pubblica fu scossa e forse fu uno degli elementi che fecero maturare il clima che produsse la grande vittoria del 18 aprile 1948.

Ad aiutarci fu anche la decisione dei comunisti e socialisti di presentarsi in un fronte unico, laddove la DC e i partiti democratici avevano un'alleanza tattica, conservando ciascuno la propria fisionomia, nel rispetto della pari dignità.

Nel frattempo, con un rimpasto governativo, il 15 dicembre il governo si era allargato alla diretta partecipazione dei socialdemocratici e repubblicani fino a quel momento sostenitori dall'esterno.

De Gasperi fu sempre particolarmente riconoscente ai liberali che ne avevano fin dall'inizio condiviso l'avventura politica. E in particolare a Luigi Einaudi che – tanto era il suo prestigio – poté essere ministro del Bilancio, restando Governatore della Banca d'Italia.

Nel frattempo la Costituente aveva concluso il suo lavoro e – stupendo esempio di civiltà democratica – la rottura della coalizione non aveva minimamente modificato la quotidiana collaborazione tra tutti i rappresentanti del popolo.

Tra le svolte del 1947 vi è anche l'abbandono inglese della Palestina. In parecchie note del diario si osservano i passaggi di questo evento che sarebbe stato (ed è tuttora) tanto decisivo.

Sono mesi che forse non si avranno più nella storia d'Italia.

Il mio diario aiuterà a seguire giorno per giorno lo snodarsi di questo anno più che cruciale. Alla luce di eventi successivi avrei potuto arricchirlo di particolari e di chiarimenti interpretativi. Ma ho preferito lasciarlo com'è, anche se in qualcuna delle mie giornate arrivavo talmente stanco alla sera che limitavo le note a dimensioni quasi telegrafiche.

G.A.

1947

1° gennaio

De Gasperi è impegnatissimo a preparare il viaggio negli Stati Uniti e ha lavorato tutto il giorno al Viminale.

Mi ha parlato del Congresso socialista ed è convinto che i «democratici» si dissocino da Nenni. Vedrà domani Saragat.

Uno strano telegramma è arrivato circa il Trattato di Pace. Secondo Quaroni l'opinione pubblica americana non sarebbe troppo commossa da un gesto forte dell'Italia contro la firma.

La situazione alimentare resta sempre grave, anche se non così drammatica da richiedere una seconda volta dirottamenti di navi, come l'anno scorso. Quel giorno vi è stato il miracolo di Fiorello La Guardia.

Gronchi è venuto ad augurare successo a De Gasperi. L'ambasciatore inglese gli ha comunicato l'entrata in vigore, da loro, delle nazionalizzazioni di telegrafi e miniere. È un consiglio? Approfondirà.

Dal Comitato Romano volevano una riunione per il Campidoglio. Se ne parlerà *dopo.*

Ho accompagnato a casa il Presidente. «Solo i santi» ha detto «potranno far andar bene il viaggio.»

2 gennaio

Canali mi ha mostrato il programma dettagliato del viaggio. La Conferenza a Cleveland, che è stato il punto di partenza, non è che una delle tappe. Senza l'invito ufficiale del governo il Presidente non avrebbe accettato, anche se coltivare il potente signor Henry Luce ha un grande valore. Sono previsti anche incontri con gli italo-americani in molte città, con adesioni massicce già registrate.

Dopo aver visto Saragat, il Presidente conferma che avverrà la scissione.

È morto il Maestro Ernesto Boezi. Da ragazzo andavo spesso a San Pietro dove dirigeva la Cappella Musicale. C'era messa in polifonia tutti i giorni. Adesso non so. Ci vado solo per eventi ufficiali.

3 gennaio

Alla partenza del Presidente è venuto, senza preavviso, De Nicola. Gesto molto bello. Sturzo gli ha telegrafato. Con De Gasperi sono la figlia Maria Romana, Paolo Canali e una piccola delegazione: il ministro del Commercio Estero Pietro Campilli, il direttore generale della Banca d'Italia Donato Menichella, l'ambasciatore Vittorio Zoppi (direttore Affari Politici) e il dottor Guido Carli (Istituto Cambi).

Onori militari al Presidente ma – non essendo prevista la presenza – non al Capo Provvisorio dello Stato: speriamo bene.

Notato un colloquio tra Nenni e l'ammiraglio Stone.

Grande rilievo sull'«Osservatore Romano» al viaggio di De Gasperi. Anche ieri aveva annunciato in prima pagina l'invito del Presidente Truman.

4 gennaio

Profitto dell'assenza del Presidente per dedicarmi al Movimento Giovanile della DC.

In aereo a Milano. Tempo freddissimo e nebbia. Ci scaricano a Torino e proseguo in treno. Vedo Mario Melloni, fosforescente.

«Il Popolo» pubblica la dichiarazione che mi ha dato il Presidente prima di partire.

«*Il Presidente del Consiglio, al momento di iniziare il volo per Washington, ci ha dichiarato: "L'importanza di questo viaggio non va tanto ricercata in questo o quel risultato specifico, ma è nel fatto stesso che una grande Nazione porge per la prima volta la mano a questa Italia, ancora così isolata in un mondo in cerca di pace, e non sa che per trovarla occorre dominare non i soli istinti di prepotenza e di sopraffazione, ma talora altresì i sentimenti di comprensibile desiderio di punizione per i falli delle Nazioni perdenti specie di quelle che a un osservatore obiettivo appare fuor di dubbio che come tali non vollero la guerra. Fra l'Italia e l'America esistono legami altissimi di civiltà, di lavoro, di intelligenze. Oggi però, oltre a ciò, esiste una favorevole disposizione degli organi politici ed economici che possono portare sul piano concreto i vincoli di comunanza ora ricordati.*

Nell'approfondire queste possibilità di più larghe intese l'Italia non mira ad andare contro nessuno. Vuole semplicemente servire le grandi cause della pace e della democrazia".»

5 gennaio

Messa al Duomo e riunione dei giovani. Numerosi e di varie categorie. Sono molto interessati al viaggio del Presidente, a cui del resto i giornali hanno riservato ampio spazio. Vado in treno a Bologna.

6 gennaio

A Ferrara (14 sotto zero). Parlo al Teatro Comunale. Vado poi a trovare l'arcivescovo e, dopo una riunione del Gruppo Giovanile della provincia, prendo il treno per Roma. Notte bianca, ma dal giornale so che in America va tutto benissimo. È stato dato rilievo al fatto che è la prima visita in USA di un Capo del governo italiano. Ricordo che si diceva che se Mussolini avesse visto l'America – a cominciare dai suoi aeroporti – la guerra non l'avrebbe fatta.

7 gennaio

Al giornale esultano. Le notizie sul viaggio di De Gasperi sono ottime. Grandi applausi al Congresso di Washington. Canali ha detto al telefono che nessuno li tratta come ex nemici.

Dai socialisti la notizia che Saragat avrebbe deciso di formalizzare la scissione. È solo in dubbio se annunciarla giovedì in Congresso o notificarla per iscritto.

Fa molto freddo. Mia figlia Marilena ha la febbre.

8 gennaio

Profondo stupore nella notte per la notizia delle dimissioni del Segretario di Stato americano James Byrnes poche ore dopo aver pronunciato un brindisi che Paolo Canali ha definito «democristiano». Dice anche che Truman è stato cordialissimo.

Al giornale siamo tutti molto tesi anche se sembra che Byrnes sia davvero malato. Sono andato egualmente a Frosinone con il sottosegretario al ministero di Grazia e Giustizia Marazza per l'insediamento della Deputazione Provinciale. Gli auguri all'indirizzo del Presidente (qui molto votato l'anno scorso) sono caldissimi.

Il generale Marshall, già Capo di Stato Maggiore durante la guerra, subentrerà a Byrnes nel Dipartimento di Stato. Gonella mi ha detto che la politica estera degli americani non cambierà, respingendo le voci di un interessamento maggiore verso l'Asia e di un disimpegno in Europa.

Agenzie, corrispondenze dei giornali e notiziari radio dedicano ampio spazio al successo della missione del Presidente. I santi lo aiutano.

Telefonato a Paolo Canali perché informi il Presidente sulla seduta del Consiglio dei Ministri presieduta da Nenni (notizie da Cappa e Aldisio). Accento sulla carenza di grano. Gli aiuti UNRRA quasi per metà non sono ancora arrivati. Ma vi è una grana. De Nicola ha minacciato di dimettersi se non viene «cacciato» il Procuratore Generale della Cassazione Pilotti che gli avrebbe mancato di riguardo. Gullo ha fatto la proposta al Consiglio ma Facchinetti e Gonella si sono opposti e non si è presa una decisione. Macrelli voleva che si «cacciasse» anche il Primo Presidente.

9 gennaio

Il soggiorno di Washington è stato positivo, compreso un solenne ricevimento degli Stati dell'Unione americani. Ma dobbiamo attendere la concretizzazione degli aiuti. Il Presidente consiglia di essere prudenti.

De Nicola, che mi aveva cercato con affanno al giornale e a casa, mi ha intimato di andare subito da lui. L'ho trovato nervosissimo. Non vuole aprire crisi prima del rientro di De Gasperi ma non resterà un minuto in più. Doveva capirlo che siamo un Paese ingrato e che la Repubblica non è nata nel costume. Dopo venti minuti capisco che si riferisce all'inaugurazione dell'Anno Giudiziario. Dice che la sua presenza è stata ignorata. «Quei vecchi monarchici non hanno digerito il passaggio.» «Me ne vado, me ne vado.» Comunque è di vecchia scuola e in assenza di De Gasperi tacerà, soffrendo. Collamarini minimizza. È vero che il Procuratore Generale Pilotti non gli ha rivolto nel discorso un «doveroso omaggio», ma è stato accolto con tutto il riguardo.

Collamarini mi dice anche che il Presidente, prescindendo da questo, vuole andare via, lasciando il posto a De Gasperi. Ci crede? No.

10 gennaio

Mentre le agenzie danno grande rilievo all'ispirazione profonda del discorso del Presidente al Forum di Cleveland, qui tutti guardano al Congresso socialista. La durezza di Nenni facilita l'esodo dei saragatiani. Volti accesi. Accanto a facce tipiche di comunisti vi sono eleganti signorine portate a inveire contro Saragat. Le accuse di tradimento si incrociano. Carboni (deputato ciociaro) mi dice che i deputati uscenti sono già venticinque. Gli scissionisti escono e si avviano a Palazzo Barberini. Tutto era predisposto.

Padrino è stato il figlio di Giacomo Matteotti. Ovazioni.

Un vecchio giornalista mi dice che Matteotti fu assassinato non tanto per il discorso contro i brogli elettorali, ma perché stava documentando gravissimi falsi nel bilancio statale.

Nenni continua a tuonare. Se l'è presa anche con la Chiesa, che sarebbe responsabile dell'anticlericalismo che sta risorgendo.

Penosa vicenda giudiziaria contro il settimanale satirico «Don Basilio». Si fa loro pubblicità con le querele. De Nicola, vilipeso, ha rinunciato.

È morto l'abate De Stotzingen. Da ragazzi andavamo a sentire le sue meditazioni archeologiche.

11 gennaio

Byrnes (il dimissionario) ha parlato a Cleveland contro l'isolazionismo americano.

Successo anche di Schuman.

Ho scritto un articolo sul «Popolo» sulla necessità di dare contenuti positivi all'antifascismo. Perché i giovani capiscano è necessario.

De Gasperi telefona di persona per sapere che cosa è successo all'albergo Milano. Ci ha sorpreso. Sono vaghe *voci* di bombe di palestinesi contro una delegazione inglese. Strano che siano giunte prima in America che qui. Almeno a noi.

I comunisti continuano a speculare sulla mancanza di grano. Vogliono diminuire l'attenzione sul viaggio di De Gasperi.

Ho visto Armida Barelli. È stata ieri dal Papa. Vuole che l'Azione Cattolica sia più attiva *nelle piazze.*

Continua il grande rilievo dell'«Osservatore» a De Gasperi. Cesidio Lolli mi dice che sono istruzioni superiori. Forse anche la lunga messa a punto contro Nenni in prima pagina ha la stessa origine. Nenni ha ripetuto che l'anticlericalismo nasce dal fatto che si fa politica in Chiesa.

12 gennaio

I comunisti insistono ancora sul collegamento delle dimissioni di Byrnes con la visita del Presidente. Non mandano giù le parole riportate dalla stampa: «Il nostro ospite fu messo in carcere, la sua casa incendiata, i suoi affari distrutti... Ora guida l'Italia democratica. Io so che oggi nessun uomo al mondo ha da affrontare un compito più arduo del suo. Le industrie italiane non hanno carbone. Il popolo italiano non ha viveri, la disoccupazione ha provocato agitazioni e tumulti. Il popolo degli Stati Uniti e il popolo italiano sono stati amici per lunghi anni. Noi esprimiamo simpatia al popolo italiano».

Anche l'incontro del Presidente con Truman è andato bene, ma – Canali me lo dice con preoccupazione – non c'è ancora un impegno concreto per gli aiuti finanziari che per noi sono vitali.

Sono rimasto a casa e mi ha cercato l'ammiraglio della Marina Garofalo che l'anno scorso fu tramite prezioso tra noi e il Quirinale.

Ci vedremo domani.

13 gennaio

Incontro all'albergo Bristol l'ammiraglio Garofalo.

Mi prega di verificare se è possibile far differire di qualche mese il giuramento degli ufficiali. In Marina vi è un certo fermento e non sa se Maugeri riuscirà a contenerlo. Garofalo dice che chi è in servizio non può discutere la realtà repubblicana ma gli ufficiali rispondono che già c'è un impegno preso quando «non sono stati sciolti dal giuramento alla Patria». Quale Repubblica? Chi sarà il Capo?

Dico che la formula del giuramento è la minima. Si può vedere di provocare una dichiarazione tranquillante. Mi parla della proposta della Sottocommissione di sequestrare i beni del re. Perché inasprire gli animi provocando gesti reazionari? (Pensa che qualche monarchico farebbe atti di reazione provocando la controffensiva dei comunisti che sarebbero lieti di muoversi.)

Rispondo che a mio avviso i comunisti non si muoveranno che nel caso di una guerra. Comunque l'articolo non è giusto e non credo che passerà.

Circa il primo quesito Garofalo mi dice che è forse iniziativa dell'Esercito calcare la mano mettendo in aspettativa gli ufficiali non giuranti. Ma cosa vuol dire «in aspettativa»? Non scioglie mica dal giuramento. Alcuni ufficiali gli hanno chiesto di domandare al re il parere. Egli si è rifiutato avendo avuto dal re questa consegna: «Desidero che ad eccezione di quegli ufficiali che siano stati nostri stretti collaboratori gli altri giurino e restino in servizio».

Per conto suo egli è in aspettativa ed è pronto ad andare in servizio prestando tutti i giuramenti nel caso di una guerra.

Parliamo del generale Infante: ora lavora come rappresentante commerciale.

L'onorevole Benedettini, «andato per affari suoi in Spagna», si è recato in Portogallo dal re. Questi, che politicamente lo stima poco, ha fissato in punti scritti le sue idee – genericissime – espresse nella conversazione e ha poi rimesso a Garofalo una lettera tramite Benedettini in cui informa di non aver dato a quest'ultimo alcun mandato o direttiva.

Nonostante ciò egli si fa forte di una pretesa investitura lavorando pro monarchia.

Garofalo ha scritto al re: «Non approvo la costituzione di un partito monarchico e non vi aderisco». Il re gli ha risposto: «Fa bene».

Garofalo, mostrandomi una fotografia della regina e figli incorniciata d'oro che già era sulla scrivania del re e che questi gli diede in ricordo insieme a un orologio, *mi dice*: «Non so se una restaurazione sia possibile, certo non è augurabile in quanto segnerebbe un disordine civile».

De Gasperi è tornato a Washington. Sembra che

Campilli e Menichella abbiano ottenuto il prestito dei cento milioni di dollari e che il Presidente debba solo siglare. Canali dice che è sicuro, ma occorre attendere. Dobbiamo essere grati al cardinale Spellman. Ci spiegherà.

In nottata è arrivata la conferma.

14 gennaio

Saragat si è dimesso da Presidente della Costituente. Era previsto.

In Commissione si è parlato a lungo di penicillina, con mia incompetenza totale.

Nenni ha chiamato l'ambasciatore inglese e ha cancellato il viaggio a Londra. Prevede la crisi e mi dicono che sia nervoso per le «cronache americane». Nel partito intanto prevarrebbe il *bolscevico* Basso.

Ricevute molte congratulazioni per il mio articolo *Socialisti vecchi e nuovi.*

Alla Costituente è approvato il diritto di sciopero, ma una legge dovrà fissare regole e procedure.

Una delegazione è venuta a chiedere che De Gasperi si occupi personalmente della crisi delle uova. Promettiamo, senza convinzione.

Tutti si domandano cosa accadrà nel governo. La situazione è ingarbugliata. Faccio trasmettere a De Gasperi una mia impressione poco ottimista.

L'idea di un presidente «extra» (Bonomi? Orlando?) è ora meno attuabile dopo il viaggio in America. Il Gruppo Saragat appare ancora informe. Preoccupano le collusioni tra anticlericali e socialisti di «Iniziativa».

15 gennaio

Renato Morelli viene ad annunciarmi la costituzione del Gruppo parlamentare liberale, con ventidue deputati. Mi dice che se De Gasperi ha bisogno di collaborazione per mettere fuori i comunisti, loro sono disposti, «benché elettoralmente ci rimettano». Parla ufficialmente di una possibilità di Orlando come Presidente della Costituente. Non sarebbero però alieni dall'appoggiare il nostro Tupini.

Confida molto nelle sedute dell'Internazionale Liberale che avranno luogo a Oxford. Pensa a una politica di buon vicinato con i qualunquisti di cui rileva le discrepanze interne.

Al mattino battaglia alla Commissione per uno sciocco intervento socialista contro l'inclusione di un rappresentante del vescovo nei consigli di amministrazione dei Patronati scolastici.

A sera riferisco alla direzione del partito sui Gruppi giovanili e sulla preparazione del Convegno di Assisi. Sono contenti e obbligano la Cingolani a indire anch'essa un convegno nazionale entro febbraio.

Un giornalista (Forte) mi avverte di una manovra dei comunisti. Prima di lasciare il Ministero delle Finanze, il ministro Scoccimarro lancerebbe una campagna per l'esonero dalla ricchezza mobile di tutti i dipendenti dello Stato. Questo per mettere nei guai il proprio successore.

Dalla Segreteria di Stato mi hanno chiesto se sia vero «che alla manifestazione contro la stampa anticlericale alla Camera il deputato Bruni si sia astenuto – come le sinistre – dall'alzarsi quando si inneggiava al Papa».

Ho risposto di non averlo notato.

Mi trovo con Saggin e i veneti. Più di un deputato che ha veduto in questi giorni De Nicola dice che egli vuole che le elezioni si facciano prima dell'estate.

Un amico ha appreso oggi dall'ambasciatore Franzoni che Nenni intende senz'altro rassegnare le dimissioni.

Gullo ha inviato a De Gasperi («urgente al ritorno») una nota sul caso Pilotti. Il protocollo della cerimonia era stato predisposto con cura e revisionato dal Presidente De Nicola, fissandosi anche un *moderato inchino* della Corte all'arrivo del Capo Provvisorio. Terminato il discorso di Pilotti, De Nicola è andato a stringergli le mani, ma subito dopo in macchina ha detto al Guardasigilli che lo deve «cacciare». Gullo conclude per obbedire a De Nicola.

16 gennaio

De Gasperi arriverà domani. Non ho più annotato i *trionfi* americani. L'aiuto finanziario è stato ottenuto con una prova di forza. Il Presidente è tornato fuori programma a Washington e ha vinto le esitazioni.

Stasera hanno fatto sosta all'ambasciata di Parigi, dove è stato eletto il Presidente della Repubblica. Il favorito Vincent Auriol (socialista) ce l'ha fatta al primo scrutinio. Incarica subito Ramadier (anche lui socialista) di formare il governo.

17 gennaio

All'aeroporto, in attesa del Presidente, Brusasca mi dice che Nenni è dimissionario e si apprestterebbe a una manovra, accusando De Gasperi di aver reso impossibile la resistenza al Trattato di Pace. Ma non è stato favorevole alla firma? Sì – ha detto – ma colloqui con Orlando, Croce, Nitti e persino Sturzo lo hanno convinto del contrario. Nenni si è anche espresso contro il trattato anglo-francese perché è un atto *antirusso.*

Il Presidente è stanco ma molto soddisfatto del viaggio. Turbato invece dalle notizie della sorte di Pola. Ne ha parlato in molti colloqui in America, prospettando la necessità di tener conto del pericolo che sovrasta le zone come Pola al momento dell'evacuazione delle truppe alleate.

Mi ha chiesto quale sia il parere dei deputati sulla crisi. Rispondo che è quasi unanime a favore.

Nel commentare i ritagli stampa mi ha detto che siamo a un bivio. Nessuno ci obbliga a scegliere la strada occidentale ma l'altra è di una «innaturalezza macroscopica». Chi spaccia l'appoggio del Vaticano per la terza via vende aria. È un limbo più culturale che politico che nessuno dei responsabili del Portone di Bronzo assume sul serio. Le speranze che dopo la sua visita a Washington isolerà Nenni e Togliatti esistono, ma non sono unanimi. Montini in questa fase si occupa solo di salvare il Concordato (che sospirando chiama i *Patti di Mussolini.* Realismo mirabile).

18 gennaio

Il Presidente mi parla della crisi ormai sicura.

Pensa di tentare una coalizione tra DC (207) + repubblicani (25) + liberali (22) + Saragat (40). Dico che difficilmente i comunisti usciranno. Meglio partire da questa convinzione e trarre le conseguenze di un atteggiamento di forza.

Saragat gli aveva detto che non sarebbero entrati in un governo senza i comunisti; Corsi invece aveva parlato in senso diverso. Chi vincerà? Io dico Saragat, a meno che i comunisti non facciano grosse bestialità nei loro confronti. Comunque si attendono i repubblicani riuniti a congresso a Bologna.

De Gasperi vorrebbe rivedere la possibilità di fare le elezioni a maggio o giugno.

Sturzo continua a tuonare contro lo statalismo. È un pallino.

I comunisti sono partiti all'attacco contro Saragat e contro di noi. Faranno il nostro giuoco se saremo furbi.

Ruini si lamenta perché i democristiani non sarebbero abbastanza «forti» nella Commissione dei 75 perché temono l'impopolarità. Credo che non gli piaccia che dissentano spesso da lui.

La polizia di Tito ha arrestato il vescovo di Pola, monsignor Radossi. Sensazione.

19 gennaio

Paolo Canali, appunti alla mano, mi ha raccontato tutto il viaggio.

Sul prestito di cento milioni di dollari la conquista è stata faticosa. E nel primo comunicato della visita a Washington non se ne fece cenno, nonostante le insistenze. Ma sul piano della presentazione personale il successo fu immediato: con Truman, Byrnes, Marshall, Vandenberg, Acheson, Taft e tanti altri «astri». Grandi accoglienze alla Georgetown University e, giorno per giorno, a Cleveland, New York e Chicago (dove lo hanno festeggiato Fermi e Borgese).

In serata ho visto il Presidente e mi sono rallegrato. È molto colpito dall'ispirazione religiosa del laicato americano. Ha visto anche una delegazione di protestanti alla quale ha assicurato che la libertà religiosa sarà garantita dalla Costituzione.

Il Presidente è soddisfatto per come ho scritto l'articolo da lui chiesto per reagire al discorso spocchioso di Pacciardi a Bologna (*Ci siamo anche noi*).

È contento per la nomina a sindaco di Trento dell'avvocato Tullio Odorizzi. Lo ammira molto.

Ho dato al Presidente le copie dell'«Osservatore Romano» che ogni giorno ha dato *ampio* rilievo al suo viaggio. Ne è contento.

20 gennaio

Il governo ha formalizzato le proprie dimissioni.

I giornalisti applaudono De Gasperi durante la conferenza stampa. Con Parri non accadeva.

Con 333 voti contro 20 l'Assemblea ha oggi prorogato di otto mesi la propria esistenza. Era dovuto.

21 gennaio

Scrivo un articolo prevedendo aperture in corso per risolvere la crisi. La frase è del Presidente.

22 gennaio

I riti delle crisi ormai sono a schema fisso; però questa volta vi è una novità. Tutti sono intransigenti ma sanno che ci si dovrà accordare. De Gasperi mi ha ripetuto che certe scadenze non possiamo affrontarle da soli. Bisogna anche preparare i costituenti a eventuali cambiamenti governativi senza che si blocchi il loro lavoro (la proroga è ormai certa).

Togliatti ha fatto dichiarazioni prudentissime. A Montecitorio si dice che siano frutto delle voci che gli americani suggeriscano il loro sbarco. Simonini mi ha detto che è un'opinione dei sindacati americani e non del governo.

23 gennaio

De Gasperi ha avuto il reincarico. Saragat si è chiamato subito fuori.

Oggi c'era più interesse per il processo Matteotti che per la crisi.

Alla Costituente passa in Commissione un articolo sui rapporti Chiesa-Stato che citando i Patti Lateranensi sarebbe positivo. Ma è una battaglia ancora difficile.

Voci di un patto tra l'Inghilterra e la Russia. Non è indifferente anche per noi, se è vero.

De Gasperi insiste nella tesi che i rapporti tra i governi devono prescindere dai partiti. Una parola.

L'onorevole Fiorenzo Cimenti è il nuovo Presidente della Confederazione delle Cooperative. Ricordato con giusta riconoscenza Luigi Corazzin.

Il Presidente della Confindustria Angelo Costa fa buona propaganda nazionale in America.

24 gennaio

Vado ad Assisi per il Convegno Nazionale del Movimento Giovanile. Il vento del Nord fischia e io sono rassegnato. Del resto voglio dedicarmi a tempo pieno alla Costituente e al servizio di De Gasperi. Ho parlato tre ore: un testamento. Buon discorso di Taviani. I torinesi sono i più polemici e Carlo Donat Cattin è favoritissimo.

25 gennaio

Ad Assisi continua il dibattito. Piccioni, molto saggio. Alcuni mi chiedono di chiarire un piano di lavoro – lo faccio con concretezza anche se i voti non ce li ho.

La crisi procede lentamente. La seguo da Assisi. De Gasperi dichiara che *non esclude* un governo ancora a presidenza DC. Alta politica. Ha ricevuto oggi un messaggio di auguri da Truman.

Sul piano estero l'accordo sembra a tre: russi, francesi e inglesi.

26 gennaio

Eco dolorosa dell'esodo da Pola. Qualunque connessione con l'uccisione del console jugoslavo a Napoli è gratuita. Sono lotte interne tra jugoslavi pro e contro Tito.

Conclusione imprevista ad Assisi. Prima della votazione Donat Cattin ha detto che a lui interessano i voti del Nord perché il Sud e il Centro capiscono poco di politica. Aveva in tasca la vittoria. Ai voti riesco io e rimango Delegato Nazionale. Devo essere contento?

Grande folla in piazza San Pietro. È la risposta popolare a stolti attacchi al Papa, che serpeggiano.

27 gennaio

Togliatti alla consultazione da De Gasperi era stato conciliativo, ma subito dopo diffonde un articolo di critica al viaggio americano del Presidente. È forse teleguidato.

Ruini – o almeno i suoi amici demolaburisti – fanno professione di sinistra. I repubblicani invece girano al largo rispetto alla crisi. C'è al loro interno molta divisione.

Notizie inquietanti dalla Palestina.

Funerali di Renzo Enrico De Sanctis, importante giornalista dell'«Osservatore», uno dei pupilli di monsignor Montini. Presenti i ministri Cingolani e Gonella. Un vecchio amico.

28 gennaio

L'articolaccio di Togliatti sull'«Unità» (*Ma questi sono cretini*) è al centro delle discussioni. La crisi ristagna.

29 gennaio

Togliatti fa marcia indietro. Gira attorno a *quello che non voleva dire.*

30 gennaio

La DC punta i piedi, in pieno (o quasi) accordo con De Gasperi. Siamo noi a fissare le condizioni.

Notizie di un attentato al generale Franco. Ma senza conseguenze gravi.

L'ex ministro della Difesa americano Stimson è favorevole all'uso dell'atomica contro il Giappone. «Una cosa è certa:» ha detto «la bomba atomica ha accorciato la durata della guerra e ha permesso di risparmiare numerosissime vite umane e beni materiali. Si è rivelata, oltre che un potente mezzo di distruzione, anche un grandioso fattore psicologico.»

31 gennaio

Abolita la Commissione Alleata. L'ammiraglio Stone (che ha visto il Presidente) dirigerà una sezione Affari Italiani presso il Quartier Generale Alleato: zuppa e pan bagnato? Speriamo di no.

1° febbraio

Donne e bambini inglesi vanno via dalla Palestina. Cala il sipario?

Il Presidente segue con attenzione il lavoro preparatorio in corso a Londra per il trattato con la Germania. Ripete spesso che la chiave del futuro è qui.

Suggerito ai giovani DC di stare attenti alle sirene di Federazione Mondiale, che si definisce vergognosamente apolitica. Chi ci crede?

3 febbraio

Montini trasmette l'apprezzamento del Papa per la critica che Giordani ha fatto sul «Popolo» del libro di Buonaiuti contro Pio XII. De Gasperi ne parla però con sofferenza.

5 febbraio

Saragat e il nuovo partito hanno bisogno di una sosta e passano per il momento all'opposizione. C'è la crisi, ma vi sono troppe scadenze alla Costituente per rompere con la sinistra. Nasce il governo a tre. Scelba all'Interno e Sforza agli Esteri. Gullo rimane alla Giustizia. Nenni si dedicherà al partito per contrastare l'esodo dei saragatiani (entrano Cacciatore, Morandi e Romita).

Soppresso il ministero dell'Assistenza Postbellica.

Emilio Sereni (PCI) passa ai Lavori Pubblici.

Unificati i tre dicasteri militari (Gasparotto, Partito Democratico del Lavoro).

Scrivo il fondo sull'*antifascismo* che «non è barriera di divisione ma è un vincolo di concordia e una garanzia di libertà e di democrazia per il Paese».

L'antifascismo (mi ha detto Fuschini) è come i vini. Conta l'annata.

Preannuncio inglese della creazione di due Stati in Palestina. De Gasperi dice che è soluzione «salomonica», ma *quel* bambino non fu diviso in due.

6 febbraio

Consueta fatica per le nomine dei sottosegretari. In alcune famiglie si prenderà il lutto, in altre si brinderà.

Qualche resistenza per il dinamico partigiano Moscatelli ma i comunisti danno più rilievo a Eugenio Reale, parente del nostro Stefano Reggio d'Aci. Alto Commissario all'Alimentazione è il comunista Cerreti; alla Sanità il socialista Perrotti. La partitocrazia non piace ma esiste.

De Gasperi ha esposto al Consiglio il programma di governo che leggerà domani alla Costituente.

De Nicola nel giuramento è apparso scontento ma spesso la mattina è così (post-sonniferi).

Lo stesso De Nicola dice che la crisi c'è stata per la scissione socialista e che gli americani non c'entrano. Lo dice così tanto, da accreditare il contrario.

Oltreoceano invece si tiene molto (ma prima di tutto per noi) che sgombriamo il terreno dal Trattato di Pace. De Gasperi ha preannunciato una procedura parlamentare adeguata. Finora pensa a due tempi. Dibattito con voto favorevole alla firma e ratifica della firma avvenuta.

7 febbraio

Consiglio. Il contatto con i Gruppi parlamentari ha accertato che una maggioranza per l'accettazione del Trattato c'è. Anche qualunquisti e liberali sembra che concordino. Data l'urgenza si decide di firmare subito dopo il voto, con adeguata dichiarazione di protesta storica e riserva di ratifica dell'Assemblea. Firmerà un diplomatico (Meli Lupi di Soragna). Scelba era contrario e si era dimesso ma alla fine ha convenuto che nell'interesse del Paese si deve firmare. Tutti sono rassegnati a questa firma. «Paghiamo i peccati non nostri» ha detto a bassa voce il Presidente in macchina.

Reagisco a un giornale che ha scritto che il nuovo governo è come prima, peggio di prima. Peggio no, a mio avviso. E non è poco.

Nominato arcivescovo di Ravenna monsignor Giacomo Lercaro, parroco genovese. Nel 1938 al Congresso della FUCI ci entusiasmò parlando dell'eguaglianza di tutti gli uomini. In quei giorni il Gran Consiglio fascista aveva annunciato le leggi razziali.

Sorpresa. Negli *Acta Diurna* l'«Osservatore» parla di *Stati Uniti d'Europa.*

De Gasperi è sorpreso dalle istruzioni vaticane all'Episcopato mondiale affinché protesti per la campagna antireligiosa in Italia. Gli sembrano esagerazioni.

8 febbraio

Umberto Terracini è stato eletto al posto di Saragat. Quasi all'unanimità. Ha fama di essere bravissimo e anche indipendente rispetto al suo partito. Con De Gasperi hanno rapporti di cordialità.

Presidente dei saragatiani sarà Modigliani mentre Nenni guida i socialisti non scissi.

Il Presidente De Gasperi ha aperto il dibattito sul governo, ponendo esplicitamente la questione del Trattato di Pace. Molte volte ha dovuto assumersi responsabilità del passato, ma questa le supera tutte. La ratifica si impone, anche internazionalmente. Poi ha alzato il tono: «Al di là del Trattato abbiamo fede nell'insopprimibile realtà della nostra stirpe, che attrae a noi l'omaggio e il concorso dei popoli liberi». Qui l'applauso è stato lunghissimo.

Ha concluso inneggiando alla pacifica convivenza tra le genti vicine e lontane, nella quale – nonostante tutto – noi crediamo.

Ha aperto il dibattito l'ex ministro Corbino: e si prevedono più giorni.

10 febbraio

L'ambasciatore Lupi di Soragna ha firmato a Parigi l'accettazione del Trattato. Giornata politicamente cupa. Come previsto, abbiamo presentato una nota di protesta storica.

Tragica notizia da Pola. Una donna italiana – Maria Pasquinelli – ha ucciso il generale inglese Robin De Wilton. Sembra che sia una pazza.

11 febbraio

L'ambasciatore americano Dunn ha dichiarato alla stampa che gli USA sono favorevoli alla revisione del Trattato. Anche gli inglesi preannunciano la loro disponibilità.

Il Presidente della Confindustria Angelo Costa, reduce dal viaggio a New York, ha riferito a De Gasperi sul buon esito della sua missione.

Vincitori in difficoltà. Notizie drammatiche sulla crisi del carbone in Inghilterra. Per di più vi è un freddo intenso.

Una corrispondenza da Lisieux all'«Osservatore». Ogni giorno gruppi di musulmani fanno la fila per rendere omaggio a Santa Teresa. L'«Osservatore» descrive anche l'attività dell'Azione Cattolica in Inghilterra e le opere sociali francesi. A ciascuno il suo.

12 febbraio

Discorso anfibio del comunista Scoccimarro sul divario di spirito di collaborazione tra i partiti, nel governo e sulle piazze. *Medice cura te ipsum.*

14 febbraio

Molta attenzione nella stampa sulle risorse petrolifere mondiali.

16 febbraio

Segni va a Montecassino per una cerimonia simbolica: piantagione di ulivi nel bosco distrutto dalla guerra. Un telegramma del Papa.

17 febbraio

Alla Costituente il separatista Finocchiaro Aprile ha sferrato un attacco feroce contro Campilli, Vanoni e Morandi. Censura anche la nomina di Scoca ad Avvocato Generale. Tumulto. Il deputato Calogero Volpe si era tolto la giacca per andarlo a picchiare. Bloccato dai commessi. Ore penose.

De Gasperi mi dice che è stato un Consiglio difficile, dopo la pubblicazione di un articolo di Luigi Barzini su un preteso scandalo di «provvigioni» per importazione di cacao.

Sereni ha respinto l'idea di una Commissione d'Inchiesta perché «non si raccolgono le chiacchiere dei barbieri». Dalle notizie raccolte si escludono comunque responsabilità di ministri o ex (sotto tiro era Bracci).

Il Consiglio si è poi occupato della disoccupazione in Sicilia, presente l'Alto Commissario Selvaggi. Preoccupante la crisi delle miniere di zolfo.

18 febbraio

L'atteso discorso di Nenni. Sì al governo (di cui fanno parte) ma con molte riserve sulla situazione generale. Distingue comunque tra la firma e l'*esecuzione* del Trattato e attacca la DC perché verso la Russia avrebbe riserve e diffidenze solo per pressioni del Vaticano. Conclude con una tirata contro l'*iniquità capitalistica.*

Echi in Consiglio della gazzarra provocata dall'onorevole Finocchiaro Aprile. De Gasperi mi ha detto che si tratta di solidarietà vera e motivata verso i ministri presi di mira dal *separatista.* Hanno discusso anche sui beni dei Savoia, ma è meglio lasciare il tema alla Costituente.

19 febbraio

Il governo inglese ha annunciato formalmente la rinuncia al mandato sulla Palestina.

20 febbraio

Prorogata al 24 giugno l'Assemblea Costituente.

Il Papa invia un radiomessaggio agli alunni delle scuole cattoliche degli Stati Uniti perché raccolgano fondi per i fanciulli poveri dell'Europa e dell'Estremo Oriente.

21 febbraio

Il ministro Sforza ha firmato con il ministro argentino Scilingo un accordo per la libera emigrazione italiana laggiù.

Grande *Bohème* all'Opera, con un formidabile Lauri Volpi.

22 febbraio

Scrivo (su istruzione di De Gasperi) un fondo di critica al discorso di Togliatti, intitolandolo: *Il bacio che uccide.* I comunisti con il miraggio dell'unità di tutti gli antifascisti vogliono minare alle basi l'animo popolare della Democrazia Cristiana.

Il dibattito sul governo sta proseguendo pigramente. Si concluderà martedì.

23 febbraio

Sottile critica dell'«Osservatore» a un articolo di Franco Rodano su «Rinascita» attorno alla *Questione Vaticana* da lui definita «la questione del mondo politico cattolico italiano in quanto rappresenta le esigenze di classe dei cittadini cattolici, non direttamente il cattolicesimo, non l'aspetto religioso».

24 febbraio

Dopo un documentato discorso di Ivan Matteo Lombardo si vota la chiusura del dibattito (i decaduti mormorano che è una ghigliottina).

Come intermezzo il professor Colonnetti invoca attenzione sulla ricerca scientifica e le università. Fu esule in Svizzera con Einaudi. E fa appello alla sua sensibilità.

Il Presidente è intervenuto per smontare lo scandaletto di presunta corruzione al Ministero del Commercio Estero.

La voce era stata effettivamente raccolta da un barbiere e girata a Luigi Barzini.

25 febbraio

Bellissimo discorso di De Gasperi a conclusione del dibattito generale. Una combinazione di *argomenti* e di *appelli sentimentali.*

La mozione di fiducia era firmata da me, da Minio (PCI) e De Michelis (socialista).

Un penoso discorso del guerrigliero Gallo contro il presunto uso della tortura praticato ai danni della sua gente. Gallo e Finocchiaro Aprile hanno gridato: «Viva l'indipendenza siciliana». È la pattuglia che cerca di far rinviare le elezioni nell'isola.

Accompagno il Presidente. È soddisfatto ma è convinto che duri poco. Riferendosi all'operaio Minio che con me ha firmato l'ordine del giorno mi ha detto che è quasi assurdo che i condannati del Tribunale Speciale non vedano che il pericolo viene ora da Mosca. Non sapevo che avesse conosciuto Minio a Viterbo durante la campagna elettorale.

Alla Camera dei Comuni Bevin ha detto che è stata l'America a impedire un accordo tra arabi ed ebrei per la Palestina. Sforza dice a De Gasperi che non è così.

26 febbraio

Ferruccio Parri ha replicato con fermezza alle provocazioni di Finocchiaro Aprile. È vero. Durante il suo governo fu arrestato, ma perché stava attuando un complotto secessionista.

Finocchiaro ha replicato al «signor Parri» che lui lavorava per una Confederazione di *Stati italiani.*

Aldisio è intervenuto con vigore.

27 febbraio

L'aula ha commemorato il deputato siciliano Antonio D'Agata morto improvvisamente domenica scorsa dopo aver parlato a un'assemblea dei suoi contadini. Ex deputato, era emigrato in Svizzera e tornato in questi anni a fare attivissima vita politica popolare.

Scelba ha difeso con vigore la polizia, legittimando gli arresti dei separatisti violenti (dodici, di cui nove per reati comuni).

Alla Sicilia dedicata quasi tutta la seduta.

28 febbraio

L'ONU ha creato due strutture per combattere la fame nel mondo e per i problemi della salute. Impostazione razionale e corretta per i fondi. All'ONU non ci vogliono ancora, ma qui sì. Anzi si ipotizza la proposta di offrire la sede in Roma per una delle due nuove organizzazioni. De Gasperi mi dice che corrispondono a due delle opere di carità del Vangelo.

Cominciano le rivendicazioni per la rinascita di comuni soppressi dal fascismo. Non so se sia giusto considerare azione fascista la soppressione, ma dato che ci siamo ho pregato Scelba di accogliere l'aspirazione dei santi Cosma e Damiano, anche se elettoralmente avrò le reazioni di Castelforte.

Gullo torna alla carica per l'espulsione di Pilotti, evitata per il momento a fatica. Se Gullo ne faceva questione di dimissioni sue l'avrebbero accontentato. De Gasperi mi invia a tarda sera in casa di Pilotti, sempre cortesissimo.

Ha riflettuto. È disponibile a un eventuale trasferimento di funzioni ma bisogna creare un altro *grado secondo* (elevando, ad esempio, il rango del Presidente del Tribunale delle Acque). Ho l'impressione che di fatto voglia andarsene e che sia una vera proposta. Domattina riferirò.

1° marzo

Il professor Ambrosini viene a parlare a De Gasperi della Sicilia. Nessun timore per le elezioni. I separatisti sono quattro gatti.

Ad Assisi si è aperto il Convegno del Movimento Femminile della DC. Angela Cingolani Guidi è un'efficace organizzatrice. La cronaca riferisce di una certa solidarietà con l'agitazione degli insegnanti. Il ministro Gonella ne ha parlato ad Arezzo.

Arresto di trenta imbroglioni che avevano riscosso il sussidio con tessere di partigiani false.

L'abate Gregori sollecita per i ragazzi poveri l'assegnazione di beni GIL. Il Papa gli ha consigliato di parlarne a me.

Il Maestro Pizzetti è venuto a parlarmi, perché riferisca al Presidente i problemi della musica. Mi sembra educatamente fazioso. Rimprovera a noi democristiani il totale disinteresse.

3 marzo

L'onorevole Maria Jervolino è la nuova delegata femminile. Trentina, è sposata al presidente della Gioventù Cattolica degli anni della persecuzione (1931).

Buone notizie dall'America. Rinunciano alle nostre navi (riparazioni belliche) purché vengano demolite. Ci appoggerebbero anche per le colonie africane. Negative invece le informazioni dalla Grecia. Sono scampati alle follie mussoliniane, ma oggi rischiano la guerra civile.

Moro ha aggiornato De Gasperi sui lavori della Costituente. Il Presidente gli ha detto di scrivere un articolo e Moro lo ha inviato la sera stessa. Con «Azione Fucina» era più lento. Io rinvio a mercoledì un articolo in argomento, a difesa del bicameralismo.

4 marzo

Firmato un Trattato di alleanza tra Inghilterra e Francia. Ha la durata di cinquant'anni. Il Presidente lo commenta con Montini.

De Gasperi ha visto al Viminale Meuccio Ruini, Presidente della Commissione dei 75. Si è rallegrato.

5 marzo

De Gasperi mi ha detto ieri sera del tono conciliativo dei ministri comunisti mentre il partito e lo stesso Togliatti sparano spesso a zero. Crede che abbiano istruzioni *esterne* di non provocare l'estromissione dal governo. Anche nei confronti di Campilli e Vanoni (attacco di Finocchiaro) sono più che collaborativi. Per Morandi è un atto dovuto.

Discussioni sull'acquisto di grano in Argentina, che sembra eccessivo. I nostalgici potrebbero rievocare il successo della battaglia mussoliniana per la produzione autosufficiente.

Pensionamento d'ufficio di molti diplomatici, con promozione per le nuove speranze: Quaroni, Diana, Franzoni e Rossi-Longhi.

De Gasperi è polemico con molti tecnici che su temi essenziali (prezzo del pane, programmi per l'elettricità) cambiano continuamente parere, lo disorientano. È anche perplesso sull'invio di politici a reggere ambasciate. Comunque mandano a Belgrado il deputato Enrico Martino.

Maretta sul dibattito di domani sulla Commissione degli Undici che alcuni giudicano troppo «ponziopilatesca». Ma trascinare ancora il problema sarebbe fare il giuoco di Finocchiaro Aprile. De Gasperi è più interessato al viaggio del Segretario di Stato Marshall a Mosca.

6 marzo

Imbarazzo dei comunisti per due notizie: l'arresto voluto dai sovietici di un deputato ungherese (Kovacs) e rifiuto sovietico del Piano Baruch per il controllo atomico.

Tutto questo mentre Marshall è a Mosca.

Allarme per una gigantesca colata di lava dall'Etna.

Finocchiaro fa marcia indietro sulle accuse rivolte al Presidente Parri. Si scuserà anche con gli altri?

Violenta filippica dell'onorevole Nitti contro il regionalismo. Avrà torto?

Una delegazione argentina è venuta a illustrare la dichiarazione dei diritti del lavoratore. Consigliati ad aver contatto anche con i costituenti.

7 marzo

Polemica sul divieto di esporre il tricolore con lo scudo sabaudo. Scelba ne ha fatto un punto fermo. Ma l'attenzione generale è per le notizie dall'Ungheria. La pressione della minoranza filosovietica è sconvolgente.

De Gasperi mi parla della spinta alla libertà dentro la CGIL. Per i lavoratori cristiani lo spazio è stretto, ma non solo per loro.

Don Albino Galletto (Centro Cattolico Cinematografico) dice che pur essendo due ottiche di diverso taglio potremmo avere più contatti nella valutazione dei film.

La Commissione è, a suo avviso, troppo burocratica; e qualche volta addirittura troppo rigorosa. Confesso la mia incompetenza. Lo indirizzo a Cappa.

8 marzo

L'ammiraglio Stone ha ricevuto in San Pietro battesimo e cresima. Padrino l'ammiraglio De Courten, ex ministro della Marina.

10 marzo

L'onorevole Orlando, intervenendo sulla Costituzione, ha ricordato che nel 1917 a Parigi aveva concordato con il rappresentante della Santa Sede uno schema di superamento della Questione Romana.

È poi intervenuto Nenni. Vuole che lo Stato sia «unitario, democratico, laico e sociale». Come oratore è bravo.

A Mosca si sono riuniti i quattro ministri degli Esteri. La Russia si oppone a un'inchiesta sull'Ungheria.

Crescono le tariffe: tram da cinque a sei lire.

De Gasperi ha inviato condoglianze per la morte del principe Marcantonio Colonna. Ha visto monsignor Urbani su suggerimento di Montini. In alcune città vi sono incomprensioni tra Azione Cattolica e Democrazia Cristiana. Vanno rimosse.

La propaganda radiofonica di padre Lombardi suscita problemi. Sembra critico *erga omnes.* Meno aspro il domenicano padre Toccafondi, ma non ha spazi alla radio.

Concistoro in Vaticano. Montini ha detto che occorrerà ridurre di molto i vescovi italiani: «Sovrabbondano». Problema difficile.

11 marzo

Bellissimo discorso di Giorgio La Pira in appoggio al progetto di Costituzione. Una lezione di sociologia e di alta politica. Quando ha concluso invocando l'aiuto di Dio e della Vergine Immacolata è passato nell'aula un brivido di commozione. Togliatti, pur facendo un discorso impegnato, non ha lasciato traccia. Lo stesso vale per Croce, troppo superbamente critico.

Il Vaticano attribuisce più importanza di noi alla Conferenza di Mosca. Lo ha detto Montini ad Aldo Moro. Non mi è chiaro.

Messaggio del governo al Papa per l'anniversario dell'Incoronazione.

Il Presidente consiglia i giovani democristiani di frequentare le lezioni di religione alla Gregoriana. «Non sono demagoghi»: vuol dire che altri lo sono.

12 marzo

Schermaglie tra i grandi vecchi.

Nitti, definito ironicamente *Solone* da Ruini, lo ha chiamato: «Licurgo del confusionismo italico».

Il Presidente Truman ha chiesto al Congresso di poter inviare truppe e materiali in Grecia e in Turchia.

Il Consiglio dei Ministri ha collocato a riposo alcuni ambasciatori e in congedo assoluto il generale Giorgio Calvi di Bergolo.

Ho scritto il fondo per invitare amichevolmente l'onorevole Emilio Patrissi (espulso dai qualunquisti) a fermarsi nel suo scivolamento a destra.

Vedo Enrico Medi. Ci occupavamo dell'India alla Lega Missionaria quando non avevamo responsabilità politiche. Oggi siamo meno attenti all'argomento. Si rammarica.

13 marzo

De Gasperi è annoiato per il caso Pilotti. Ci mancavano pure le polemiche con i giudici. Gli basta la confusione del 10 giugno dell'anno scorso. Pilotti lo incontrò per una questione degli Esteri e ne ebbe buona impressione.

Io gli avevo riferito che, se si creava *un secondo grado secondo*, il Procuratore Generale era disposto a passarci. Quella sera mi aveva detto che non invidiava il Presidente per dover fare i conti con De Nicola: «Grande giurista, ma pazzo».

De Gasperi interverrà.

Ai vertici della CGIL mare mosso. La prepotenza dei comunisti è sopportata dai socialisti, ma i nostri amici scalpitano.

L'«Osservatore Romano» dedica spazio alla conversione della signora Claire Boothe Luce; e illustra l'attivismo dei cattolici americani. Ma, occasionale?, anche di quelli inglesi.

L'ambasciatore francese ha parlato al Presidente della «delicata questione indocinese». Non è chiaro se si voglia un suo passo presso Montini.

I ministri comunisti provocano la crisi in Belgio.

14 marzo

Sturzo rievoca in un articolo il varo dello Statuto siciliano dicendo che quella data (15 maggio dell'anno scorso) è un punto fermo. Le prossime elezioni dimostreranno che l'isola è democraticamente solida.

De Gasperi fa telefonare al dottor Augusto Guerriero rallegrandosi per la promozione a Consigliere della Corte decisa dal Consiglio. Firmando *Ricciardetto* Guerriero è una delle colonne del «Corriere della Sera».

Moro ha parlato in aula. Molto bene. Livido invece un anticlericale di ferro: il liberale Crispo.

Aumentano tariffe postali e telegrafiche. Dura necessità, spiegano i tecnici al Presidente.

Il Nunzio Borgongini ha portato al Presidente una copia (anche a me) della Costituzione «Provida Mater Ecclesia». È importante, anche se (ma scherza sempre) dice che lui ancora non l'ha letta. Con l'occasione ha parlato di Churchill, che *gli sta* simpatico.

15 marzo

Discorso molto elevato del nostro direttore, ascoltato con rispetto. Igino Giordani è un profeta (l'ho detto a De Gasperi che ha aggiunto: un profeta *scomodo*).

Continua la Conferenza di Mosca, ma dalle cronache appare grande sterilità e profonda divisione di prospettive.

L'Assemblea ha censurato Finocchiaro Aprile.

È attesa con passione la sentenza nel processo Bardi-Pollastrini (due nazifascisti spietati durante l'occupazione di Roma). L'ammasso del grano continuerà per un anno. È inevitabile, anche se sono contenti anche i borsari neri.

Dal Vaticano protestano perché l'onorevole Bruni si è espresso contro la menzione dei Patti Lateranensi. Ma è un isolato e non è in relazione politica con noi. Siede proprio nel banco di estrema sinistra. Non credo che abbia più rapporti con la Biblioteca (era il «superiore» di De Gasperi; e ora...).

16 marzo

Il Papa ha ricevuto i dirigenti dell'Azione Cattolica e ha detto con voce vibrante: «*Estoti parati*». A che? Qualcuno dice che Tardini caldeggia ancora il secondo partito. Ma non è vero.

17 marzo

Le misure di difesa della Repubblica annunciate dal governo suscitano contrapposte polemiche. De Gasperi mi detta le linee di un articolo contro i provocatori nel torbido. Uscirà domani con il titolo: *Paure di onesti.*

A Mosca continuano a litigare sull'assetto della Germania.

Stalin riceverà separatamente i ministri degli Esteri. Ha cominciato oggi con Bidault. Forse più che della Germania vuol parlargli dei comunisti francesi.

18 marzo

Pranzo in onore del Presidente De Gasperi all'ambasciata cinese.

19 marzo

De Gasperi non condivide il giudizio entusiasta di alcuni democristiani sul Congresso del Mouvement Républicain Populaire francese. Le loro divisioni (Schuman-Bidault) sono profonde e non le analizzano.

In Belgio Spaak forma un governo di democristiani e socialisti. Il Presidente dice che siamo troppo poco attenti a quel che accade negli altri Paesi d'Europa. Forse non vogliamo distrarci dalla Milano-San Remo, che Bartali ha stravinto.

20 marzo

Giordani scrive un efficace articolo sulla bozza della *rinuncia alla guerra*, punto caratterizzante del progetto.

De Gasperi ha parlato al Consiglio Nazionale invitando a tenere alto il tono della politica e a studiare molto i problemi.

21 marzo

Consiglio dei Ministri. De Gasperi esce stanco e critica, senza asprezza, la scarsa propensione alla sintesi. Hanno parlato di tutto: dal prezzo del pane e del sale e delle tariffe dei tabacchi alle disposizioni sulla stampa (sempre attenti a contrastare sia censure che «eccessi di licenza»); dai pubblici concorsi all'Esposizione di Venezia.

Quella della lira è la grande sfida da affrontare.

Accordo italo-francese per i nostri lavoratori emigranti. Lo hanno firmato Sforza e Croizat. Il ministro francese non ha risposto a domande dei giornalisti sulle lotte interne di e contro Duclos.

Auguri all'onorevole Orlando per mezzo secolo di vita politica.

Dossetti ha parlato benissimo sull'articolo 5 (Stato e Chiesa).

Scoperte al Verano armi dentro alcune tombe.

Vado alla Gregoriana per il discorso di propaganda per l'Università Cattolica fatto da monsignor Urbani. C'è abbastanza gente. L'abate di Montecassino ha inviato in anteprima a De Gasperi un'Enciclica papale su san Benedetto (XIV centenario della morte).

22 marzo

È di scena Fanfani e l'Assemblea accoglie le sue proposte. La Repubblica sarà fondata sul lavoro.

Ramadier ha la fiducia per le spese in Indocina, ma i comunisti e altri si astengono. Tensione. De Gasperi segue attentamente le vicende dei comunisti francesi in questi giorni.

23 marzo

All'Ateneo Lateranense grande manifestazione delle ACLI. Discorsi di Gronchi e Rapelli e saluti di molte delegazioni estere.

De Gasperi mi dice che le ACLI sono essenziali per salvare il mondo del lavoro dalla valanga comunista.

24 marzo

Grande emozione nella commemorazione della tragedia delle Fosse Ardeatine. De Gasperi ha telefonato al Rabbino Capo ed è stato a lungo in preghiera a San Bernardo (messa ufficiale promossa dalla Difesa).

Vigilia del voto sui Patti Lateranensi. Sulla carta il nostro testo non ha la maggioranza. Monsignor Montini ha chiamato anche me; e ricorda come ha salvato l'Italia dall'umiliazione di veder garantita la Santa Sede dal Trattato di Pace e non da noi. Lo sanno gli *altri*? Ha fatto avvicinare anche Togliatti, ma i comunisti si giustificano dicendo che i socialisti li «tallonano».

De Gasperi ha deciso di prendere la parola domani in Assemblea come testimonianza del nostro impegno totale.

Intanto scoppia una grana in aula perché Macrelli – deputato anche nel 1922 – smentisce un giornale che ha riportato la notizia che De Nicola (Presidente) richiamò all'ordine l'onorevole Modigliani, il quale protestava per la frase di Mussolini sull'aula *sorda e grigia*.

La smentita però è ambigua, perché De Nicola non richiamò all'ordine il Capo del governo. Anzi, corre voce che avesse detto: «Lascino parlare il Presidente del Consiglio» e che nello stenografico fosse stato cancellato. Collamarini mi telefona dicendo che il Capo è fuori dalla grazia di Dio.

25 marzo

Festa dell'Annunciazione.

Sulla fine della mattinata è venuto Emilio Frattarelli, latore di un messaggio di Togliatti con embargo assoluto (perché «neppure i suoi lo sanno»). I comunisti voteranno a favore dell'articolo. Perché lo anticipa? Perché non voleva che De Gasperi, prendendo prima la parola, gli rendesse impossibile il disegno. Motiverà ampiamente facendo appello al rispetto delle radici del popolo italiano.

Emozione enorme. Per mantenere il segreto lasciamo che Dossetti vada come previsto da monsignor Montini a giustificare la sconfitta, dimostrando che è stato fatto tutto il possibile.

Alle 18 seduta con gran pieno nelle tribune. Quando Togliatti annuncia il voto favorevole nei banchi socialisti scoppia l'ira. Tonello grida al tradimento. Molti di noi hanno le lacrime agli occhi.

Il discorso di Togliatti è stato da manuale.

L'articolo 7 è approvato con 350 voti contro 149. Senza accordo *bilateralmente accettato* nessuna modifica potrà essere fatta ai Patti Lateranensi.

Erano quasi le due del mattino quando si è chiusa questa storicissima seduta.

Annunciata una tre giorni di conferenze di padre Lombardi all'Università romana. A porte chiuse (solo professori e studenti).

26 marzo

Usciamo con titolo a tutta pagina: *La garanzia dei Patti Lateranensi sancita nella nuova Costituzione.* De Gasperi naturalmente è più che soddisfatto, ma frena gli entusiasmi di alcuni verso Togliatti. Credo di aver capito; ma sto zitto. Dalla Torre ci anticipa il lungo commento che pubblicherà stasera l'«Osservatore» che loda «il dotto ed efficace contributo all'alta discussione dei deputati della Democrazia Cristiana» e definisce quelle dell'onorevole De Gasperi «nobili parole».

Di Togliatti si sottolinea la frase: «Negare i Patti Lateranensi significherebbe riaprire il problema religioso».

Il testo è stato certamente approvato dalla Segreteria vaticana (Montini).

Il Consiglio dei Ministri si è riunito nel pomeriggio (tutti erano stanchissimi per la nottata). Una serie di provvedimenti compresi quelli che il Presidente definisce burocratici (come il ripristino di comuni soppressi durante il Ventennio). Ma non è certo tale lo schema di legge elettorale politica che, dice il Presidente, riecheggia quello nittiano e sturziano del 1919.

Continueranno domani.

La Costituente ha abolito la pena di morte. Era scontato.

De Gasperi mi ha chiesto cosa è successo a Cassino durante la visita di De Nicola. Qualcuno ha sollevato il problema in Consiglio. Lo tranquillizzo. Non c'erano flabelli e incensieri; ma rispetto generale. Il Capo Provvisorio si è stizzito per un cartello («Niente più *lista civile*»). Ha detto a voce alta che lui lavora gratis.

Telegramma da Londra. Gli americani hanno reso

pubblici gli accordi segreti di Potsdam: l'Austria non dovrà pagare riparazioni. Evidentemente è prevalsa la tesi che Hitler *occupò* l'Austria. Forse era un abile trucco cinematografico, ma io ricordo nei giornali Luce scene di folla esultante. Il Presidente non si pronuncia.

27 marzo

In Consiglio si occupano della relazione sulla finanza pubblica che Campilli dovrà esporre all'Assemblea. De Gasperi apprezza molto – me lo dice tornando a casa – i rilievi di Vanoni: «Un tecnico che non è astratto e ha molta umanità».

Gasparotto ha parlato a Montecitorio sulla tragedia dell'Armir. Scambi di insulti tra i comunisti e la destra. I qualunquisti abbandonano l'aula ma sono tornati per i buoni uffici di Girolamo Bellavista e dopo un saggio intervento di Giovanni Leone.

Finalmente la sentenza contro Bardi (22 anni) e Pollastrini (28).

Pubblicato un decreto del Sant'Uffizio. Non è lecito benedire le bandiere dei *partiti politici* (a fugare dubbi è tradotto così il testo: «Vexilla cuiusdam civium partis»).

Visita al Presidente di una delegazione del Convegno Nazionale dei giovani dell'AC rurale.

28 marzo

A mezzanotte il Consiglio ha varato i provvedimenti finanziari, compresa la Patrimoniale.

A Gioia del Colle un incendio alla Camera del Lavoro con tentativo di linciaggio dell'autore (o presunto autore). Devastate le sedi dell'Uomo Qualunque, del Partito Monarchico e della Democrazia Cristiana. È l'inizio di un ciclo o episodio una tantum?

29 marzo

La Camera dei Comuni ha ratificato il Trattato con l'Italia. Il clima è stato rispettoso e abbastanza comprensivo per l'Italia del dopoguerra.

Il Consiglio Nazionale delle ACLI prende forte posizione in vista del Congresso della CGIL. Vi è un preciso appello ai sindacalisti cristiani.

Il Papa ha ricevuto il professor Giuseppe Vedovato e i dirigenti dell'Associazione Internazionale Cattolica di Cultura di Firenze. Data comunicazione con molto rilievo.

Partita giornalisti-attori allo stadio. In porta per i primi è Ugo Zatterin, già pupillo di Gedda. Oggi forse un po' meno.

30 marzo

Il Presidente ha ricevuto la Palma dal parroco di Santa Maria degli Angeli.

Si dedica poi all'esame della relazione fatta da Campilli alle Commissioni riunite dell'Assemblea sul programma di risanamento finanziario. Il *ritorno alla normalità* è lontano ma è possibile. Quello che ci si propone è il massimo consentito e distribuisce equamente i carichi tenendo conto dei princìpi di giustizia sociale ai quali tutti – cristiani e non – dobbiamo essere vincolati.

Messaggi contraddittori, di consenso e di protesta per la proroga dei contratti agrari. Portare la pace nelle campagne è per De Gasperi un obiettivo primario. Cita poi la massima di un vecchio ministro (non ho afferrato il nome) secondo cui si deve distribuire equamente il malcontento. Non mi attrae.

Si è rallegrato con il professor Enrico Iosi che fa un ciclo di conferenze nelle capitali europee sull'archeologia cristiana.

31 marzo

Come teoria economica il sostenere che vanno privilegiate le industrie con molta mano d'opera e poco consumo di materie prime è un assurdo. Eppure – mi ha detto il Presidente mentre lo riaccompagnavo a casa – dobbiamo fare così. Anche le leggi sul calmiere sono disattese ma vanno fatte. Ma il prezzo politico del pane va abolito.

Si sta comunque preparando un «programma economico».

1° aprile

Lunga riunione del Presidente con i big degli Esteri. L'analisi dei dispacci da Mosca induce al pessimismo. Gli ex alleati non convergono e Stalin è sempre più pericoloso.

Nella relazione annuale la Banca d'Italia ha invitato a rinunciare alle spese inutili. De Gasperi sorride amaramente, ma del Governatore ha grande stima.

Partito d'Azione a congresso. Sono ufficiali senza truppe e dispiace. Aria di liquidazione. Peccato!

2 aprile

Un discorso commovente del sindacalista Rapelli: trova la condanna dell'inflazione tra le righe del Vangelo (non rubare). È molto saggio, ma ha poco potere anche tra i suoi. Però la gente comprende più lui che certi sapientoni e demagoghi.

Animazione tra i monarchici dopo l'annuncio che in Spagna torna la monarchia per decisione di Franco. Monsignor Montini ha avuto un colloquio con un ufficiale americano reduce da Madrid. Franco ha assicurato gli americani che in questo modo la guerra civile è davvero seppellita. Il nuovo re sarà garante sia per l'Esercito che per i partiti. Avrebbe detto: «Devo preparare io il dopo Franco».

È morto re Giorgio di Grecia. Dal Vaticano sottolineano la formula del giuramento del successore Paolo I: «Giuro in nome della Santissima Trinità di difendere la religione e di rispettare la Costituzione e l'Indipendenza». Ma credo sia formula di rito. Forse il rilevarla è un omaggio agli ortodossi.

Il Consiglio dei Ministri si è occupato della Sardegna.

3 aprile

Voci di ostacoli per le elezioni in Sicilia. De Gasperi ha sentito al telefono Aldisio. Smentisce.

Le pressioni per abolire i prezzi politici crescono. De Gasperi è sconcertato dalla volubilità su questo tema anche di alcuni ministri (non ha fatto nomi).

Da Mosca i Grandi non lasciano trasparire alcuna linea comune.

Segreteria di Stato: De Gaulle cresce e i popolari francesi (a Montini dispiace) sono in luna calante.

4 aprile

È uscita la sentenza per il delitto Matteotti: trenta anni a due imputati e assoluzione per Cesare Rossi. Gli anziani dell'Assemblea sono molto emozionati; noi giovani siamo portati più dall'amicizia per Carlo e Gianmatteo.

Acheson (USA) ha fatto dichiarazioni conciliative verso Stalin. Ma Molotov lo critica dicendo che *due* Germanie vorrebbe dire un focolaio di tentativi di riunificazione. De Gasperi mi dice che il nodo tedesco è il punto chiave del futuro. E non lo si può sciogliere *contro* la Germania. Parla con grande rispetto di Adenauer.

5 aprile

Morto il principe Urbano Barberini, giovane di ventitré anni. Condoglianze del governo.

Ha fatto visita a De Gasperi monsignor Lorenzo Perosi, il grande direttore della Sistina. Voleva dirgli che gli aveva voluto bene anche quando era un bibliotecario ignoto. De Gasperi non lo sapeva.

6 aprile

Pasqua tranquilla. De Gasperi non è venuto al Viminale.

Nenni spara a zero su tutto. De Gasperi, al telefono, suggerisce un corsivo per ricordargli che nessuno finora ha dato ricette per moltiplicare pani e pesci.

Avevo scritto, citando il Nenni della campagna elettorale (*La Repubblica o il caos*), che Nenni otteneva l'uno e l'altra. Ma sono stato censurato.

Il re di Spagna ha dichiarato di rinunciare, ma secondo Montini la scelta di Franco era già per il figlio. Avranno un re nato a Roma.

Il Papa ha trascorso la mattina pasquale con i delegati dell'UNRRA venuti da tutta Europa. Una scelta significativa.

7 aprile

Ho fatto un giro in provincia al seguito di De Nicola e mi ha sconvolto la desolazione di alcuni centri, devastati dalla guerra. Dedico un servizio a Castelforte, una cittadina dove sono solo rovine e insetti di ogni tipo. Niente acqua e quasi niente rete elettrica. Se si trovasse qualche anima buona tra gli Alleati. Invierò l'articolo, sottolineandolo, anche al cardinale Spellman.

Oggi, dopo il battesimo e la cresima, terzo sacramento per l'ammiraglio Stone. Matrimonio in San Pietro, celebrante il cardinale Tedeschini, e udienza riservata di Pio XII agli sposi.

8 aprile

A Montecitorio circola il testo di un discorso del generale De Gaulle sulla necessaria indipendenza dai due blocchi: il russo e l'americano. Lo diffondono (facce toste) i comunisti nostrani.

Intanto a Mosca i «vincitori» non concludono intese.

Ad alto livello il Congresso sull'esistenzialismo promosso dalla Pontificia Accademia di san Tommaso d'Aquino. Ho rappresentato alla Cancelleria il Presidente, ma seguendo i discorsi con fatica. Kierkegaard non è un testo facile. L'ambasciatore Maritain non ha problemi. Mi dice che vuol vedere il Presidente.

Più accessibile il Congresso di Pax Romana.

Annunciata la morte di Henry Ford. Anche i potentissimi non sfuggono.

9 aprile

Scelba ha insistito in Consiglio per introdurre una disciplina severa nei ristoranti; e citato il rigore bellico tuttora vigente in Inghilterra. Lo scetticismo sull'osservanza di norme del genere è forte.

10 aprile

Il Presidente mi dice che si naviga tra grandi contraddizioni. Contro l'IRI c'è una campagna che lo considera un mostro fascista, ma non è così. Mussolini dovette crearlo perché le grandi industrie erano in fallimento e trascinavano nel baratro le banche. Ricorda un colloquio in tempi lontani con il dottor Menichella, procuratogli da Paronetto.

In altri campi la regolamentazione è difficile. Scelba si illude di mettere ordine nei ristoranti e nelle pasticcerie. Ha provocato intanto una serrata.

De Gasperi fa ringraziare Di Vittorio perché si è dichiarato contrario allo sciopero generale contro gli speculatori. Glielo ha suggerito De Nicola, che ha trovato nervosissimo.

L'assassina del generale inglese a Pola (Maria Pasquinelli) è condannata a morte dalla Corte militare britannica di Trieste. Ha dichiarato che non farà appello «agli oppressori del mio Paese».

11 aprile

De Gasperi chiede se anche i nostri deputati sono colpevoli di assenteismo. In parte sì, ma meno degli altri. La onorevole Conci tiene tutti sotto sorveglianza. I trentini!

A San Paolo monsignor Adriano Bernareggi (Bergamo) ha celebrato per il convegno di Pax Romana. Discorso veramente bello. In serata Jacques Maritain è intervenuto sul tema: «Gli intellettuali nella cristianità». Successo.

Gli americani non conoscono vie di mezzo, anche nei cicloni. Cinque Stati hanno subìto devastazioni enormi.

L'onorevole Corbino vorrebbe nella Costituzione il diritto di serrata. Scrivo contro un fondo *ufficioso*.

Enrico Mattei avrebbe potuto provocare un pandemonio (o quasi) rilevando che i comunisti si impossessarono a Dongo di trentacinque milioni e dell'oro che i fascisti intendevano portare in Svizzera. Non potendo dare addosso a Mattei i comunisti tacciono.

Si crea un Commissariato per il Turismo. Penso che l'avvenire dell'Italia sia in questa direzione.

Dato che c'è un nuovo elenco di comuni ripristinati, prego di comprendere Roccasecca dei Volsci. La provincia di Latina ha bisogno di attenzione anche se è stupido dire che bisogna fare il contrario di quel che ha fatto Mussolini. Annacqueremo le bonifiche? È stato zittito un ministro (De Gasperi non mi ha detto il nome) che voleva che non si rimborsassero le obbligazioni Casa Littoria.

De Gasperi è costernato per il numero dei provvedimenti esaminati in ogni Consiglio. Si fida di Sorrentino e di Bartolotta, ma non di tutti i ministri sotto questo aspetto.

Gli dico che l'ex Ragioniere dello Stato Cambi mi ha mostrato una lettera di Mussolini che si fidava di lui e non dei ministri. Ci risiamo?

13 aprile

Beatificazione di Contardo Ferrini in piazza San Pietro. De Gasperi è vicino a Orlando (che si vanta di essere stato collega di Ferrini) e a padre Gemelli. Emozione.

14 aprile

Ho cercato invano con un mio emendamento di dare la totale garanzia di libertà di stampa ai soli *italiani.* Mi parrebbe giusto ipotizzare una specie di reciprocità con i cittadini di altri Paesi. Ma non trovo adesioni (neppure Gronchi) e ritiro l'emendamento. Mi rifaccio scrivendo il fondo per domani.

Affermata viceversa la condanna delle stampe e degli spettacoli osceni ipotizzando anche misure *preventive.*

Concluso il Congresso di Pax Romana. In Vaticano solenne udienza alle delegazioni che hanno assistito alla beatificazione, con un discorso del Papa sui meriti scientifici di Ferrini. Padre Gemelli scortava un Orlando, che mi dicono pimpante.

15 aprile

Giulio Pastore sostituisce Rapelli al vertice della Confederazione.

Serpeggia nervosismo per la notizia di deputati francesi arrestati all'estero (Madagascar?) per sobillazione. Si chiede a Sforza di informarsi e di informare. Intanto a Parigi De Gaulle annuncia che fonderà un suo partito.

16 aprile

È morto l'ingegner Donegani, presidente della Montecatini, uno dei «grandi» dell'industria italiana.

17 aprile

Calamandrei parla a favore del divorzio. L'argomento che in molti Paesi esiste già non è determinante. Forse colpisce di più il riferimento alle «delibazioni» dei divorzi sanciti all'estero a favore di italiani ricchi.

L'Inghilterra ha rinunciato alle riparazioni. Cerimonia domani a Palazzo Chigi. Oggi blocchi di scioperanti nel piazzale. Sforza ha detto che non si ottiene grano sfasciando le finestre.

Comizio di Scelba a Palermo. Qualche bomba, ma senza danni alle persone.

18 aprile

Il Presidente è andato in Sicilia. Comizio a Trapani e a Messina (Bartolotta mi dice che gli indipendentisti hanno organizzato disturbi, ma tutto procede).

20 aprile

Si vota oggi in Sicilia.

Romita ha lanciato un appello perché tutte le sinistre laiche si uniscano ai Blocchi del popolo per scalzare dal suo primato la DC. Piccolo e terribile.

21 aprile

Mentre attendiamo le notizie dalla Sicilia i democristiani tedeschi ci comunicano i loro significativi successi.

È morto re Cristiano X di Danimarca. Gli succede Federico IX.

Natale di Roma. Al Palatino discorso del professor Pietro Romanelli.

22 aprile

Il risultato siciliano è quasi buono. 29 seggi al blocco delle sinistre, 19 alla Democrazia Cristiana, 15 a liberali e qualunquisti, 9 ai monarchici, 4 ai saragatiani, 4 ai repubblicani, 3 ai separatisti e 2 ai democratici messinesi.

Alla Costituente il curioso Umberto Calosso parla di Cristo come figlio illegittimo. Invece di uno sghignazzo, Gronchi ha capeggiato un abbandono dell'aula per protestare. Non mi è sembrato intelligente.

Continuano agitazioni di piazza. Anche davanti al Palazzo di Montecitorio (reduci di guerra).

23 aprile

Una stupida sconfitta alla Costituente. Dopo una bella manifestazione di italianità per protestare contro la destituzione del Rettore dell'Università di Trieste Cammarata, si è duellato pro o contro l'introduzione dell'indissolubilità del matrimonio che sembrava pacificamente accettata tanto che non vi era stata mobilitazione di rigore (duecento assenti). Abbiamo perduto per tre voti.

Togliatti, che aveva dato l'impressione di ripetere la... buona azione del 25 marzo, ha invece votato contro, sia pure dicendo che il divorzio non è comunque d'attualità.

Al Consiglio De Gasperi ha messo in minoranza Romita che voleva le elezioni comunali a Roma subito.

Le sale cinematografiche oggi sono rimaste chiuse per protestare contro l'aumento della tassa sui biglietti. Dicono però che *non* è una serrata.

Risultati delle elezioni universitarie. Ai... tempi miei non c'erano.

L'«Osservatore» smentisce la notizia, di fonte americana, che De Gasperi andrebbe in visita a Mosca. Strano.

24 aprile

Messo in liquidazione l'Istituto Luce. Fonte di un periodo di storia italiana, nel bene e nel male.

Posizioni ancora non convergenti sull'indizione delle elezioni amministrative di Roma. Romita le vorrebbe subito; ma non è assecondato. I ministri fanno dichiarazioni all'uscita e De Gasperi è dispiaciuto. Lo dirà domani in Consiglio.

Intermezzo comico a Palazzo Giustiniani. De Nicola, ricevendo una delegazione che gli presentava un volume su cento medaglie d'oro partigiane, ha preso in giro il deputato Colitto che ogni giorno deposita venti e più interrogazioni per sollecitare altrettante liquidazioni di danni di guerra.

Proteste di Colitto e reazione furiosa del Capo Provvisorio.

A Mosca *sembra* che stiano per concludere.

25 aprile

Dedico un fondo alla sconfitta sull'indissolubilità, ironizzando volutamente per il fatto che dal resoconto ufficiale risulta votante contro anche un deputato socialista che è morto da alcuni mesi (D'Agata).

Terracini si è arrabbiato.

Continuano le proteste per le assenze di democristiani sull'indissolubilità. Il Gruppo deplora i trentasei assenti facendo i nomi (tra cui Aldisio, La Pira, Mattarella, Medi, Pella, Vanoni e Zaccagnini). L'assente Vittoria Titomanlio, che era a predicare in un Congresso Eucaristico, è all'orlo della pazzia.

A bilanciare questa brutta pagina c'è oggi nei giornali inglesi un profilo di don Zeno, che sta creando un villaggio di famiglie nel campo di Fossoli che vide tanti orrori tedeschi.

La Costituente ce la farà a chiudere in due mesi? Non credo, ma De Gasperi lo vorrebbe.

A Mosca hanno concluso. Si ritroveranno in autunno in Inghilterra.

26 aprile

De Nicola è sempre più nervoso. De Gasperi ne è rimasto impressionato, anche se c'è abituato. Detesta i comunisti, ma ha paura di dover fare lui scelte radicali. Ha chiesto informazioni sulla chiusura senza conclusioni della Conferenza di Londra. Sforza andrà presto a Londra (ha ricevuto formale invito) e approfondirà.

27 aprile

Accompagno il Presidente in piazza San Pietro per la beatificazione di Maria Goretti. Sono state ore bellissime. La presenza della madre e di un fratello della beata era commovente.

Poi si torna nell'arena. Stupide e cattive accuse contro il vero antifascista Salvatore Mannironi. De Gasperi gli ha telefonato in Sardegna.

(A Firenze Italia-Svizzera 5-2.)

28 aprile

Tensione a Montecitorio, dopo un inizio calmo nel quale senza contrasti era stato commemorato da tutti i gruppi Antonio Gramsci, nel decennale della morte.

Iniziato subito lo scontro sulla libertà scolastica. La sinistra (con molte assenze) ha cercato di boicottare i lavori. Perfino il professor Concetto Marchesi si è prestato chiedendo e ottenendo dieci minuti di sospensione. Alla fine tutto si nullifica per constatata mancanza del numero legale. Per fortuna a sollevare il tono della politica ha provveduto il Presidente De Gasperi con un bellissimo radiodiscorso sul tema: «Se saremo concordi non saremo soli».

30 aprile

In Consiglio preparano le difese per resistere ai contrari all'Imposta Patrimoniale e ai proponenti di un'indennità agli statali a *scala mobile* che costerebbe cento miliardi. De Gasperi è addolorato per questa obiettiva impossibilità. Intanto la propaganda per gli scioperi tra gli statali conquista adesioni.

La situazione scricchiola.

Diffuso un discorso del cardinale bavarese Faulhaber su: «Pio XII speranza dei popoli sventurati».

1° maggio

Gravissimo eccidio a Portella della Ginestra (Palermo) durante la festa del lavoro. Sparatoria sulla folla con molti morti (la prima notizia parla di centinaia, ma questa sera dicono: nove). Motivi locali? In tutto il resto d'Italia nessun incidente.

Tutti i partiti annunciano interrogazioni al governo. De Gasperi è in continuo contatto con Scelba. Il lutto è nazionale.

2 maggio

Atmosfera caldissima alla Costituente. Scelba espone la deprecazione unanime, ma da sinistra si urla contro di noi e contro i monarchici. Un accenno del ministro provoca una reazione furiosa. Come mai essendo la festa *provinciale* del lavoro nessuno dei deputati comunisti era presente?

Li Causi è saltato in piedi con il volto in fiamme, gridando: «Come ti viene in mente?».

Ho chiesto a Scelba. Non crede che comunisti e socialisti c'entrino, ma qualche amico ha consigliato loro di restare in casa. Nel resoconto stenografico questa parte verrà silenziosamente ridimensionata. L'impressione per l'imboscata resta enorme. Si addebitano responsabilità al bandito Giuliano e ai suoi mandanti. Ma chi sono? Ci sono connessioni con le recenti elezioni?

3 maggio

Grande è il numero di italiani che vengono via da Rodi. Problemi gravi di sistemazione, ma non c'era scelta.

Stone preannuncia l'arrivo del generale Clark per la sistemazione dei cimiteri di guerra. Notizie non positive sulla possibilità di una nostra partecipazione all'amministrazione delle ex colonie.

Molti arresti per la strage del 1° maggio. I fermati sono già venti. Ma chi c'è dietro loro, posto che siano davvero gli assassini?

Il Consiglio dei Ministri è iniziato deplorando l'*abominevole delitto.* Scelba ha confermato che i morti sono nove, più due agenti e dodici feriti nel ribaltamento di un automezzo.

L'o.d.g. era molto carico (troppo, secondo De Gasperi) spaziando dall'indennità di toga per i magistrati al raddoppio dell'imposta di fabbricazione sullo zucchero (da 48 a 80 lire al chilo).

4 maggio

De Gasperi si congratula con gli eletti in Sicilia: Peppino Alessi, Franco Restivo, Silvio Milazzo, Paolo D'Antoni.

Riunione del Consiglio Nazionale della DC. Buoni discorsi di Gonella e di Piccioni.

Alla Costituente si discute della posizione dei magistrati, in un clima di reciproca diffidenza. A sinistra si teme che in caso di nostra vittoria elettorale si condizionino i giudici; noi ipotizziamo con scongiuri una vittoria sovietica. Convergiamo sull'*indipendenza*, ma è questione di costume e non di norme scritte. Che i giudici però abbiano effettiva indipendenza, almeno sulla carta lo vogliono tutti.

Si dice che Togliatti ridacchia perché lui minutando di persona il decreto luogotenenziale del 1945, un ruolo di sorveglianza per il ministro lo aveva portato a casa.

5 maggio

Gli arrestati per l'eccidio del 1° maggio sono arrivati a centosessantasette.

Buon dibattito al Consiglio Nazionale della DC.

Ramadier ha congedato i ministri comunisti che ieri nell'Assemblea Nazionale avevano votato contro la fiducia.

6 maggio

Concluso il Consiglio Nazionale con un appello alla «solidarietà in termini sostanziali». L'espressione *interclassismo* a molti non piace.

Condannato a morte (Tribunale militare inglese di Venezia) il maresciallo Kesserling.

Il Presidente è sorpreso per la contrarietà di alcuni ambasciatori (Quaroni) alla nostra domanda di ammissione all'ONU. Ordina di inoltrarla.

Incrocio di proposte per la legge elettorale. Si è concordato che non sia inclusa nella Costituzione, anche se sulla proporzionale quasi tutti concordano. Le nostalgie personalistiche di alcuni vecchi sono patetiche.

Tutti però invocano la *solidarietà degli altri*. L'osservazione è di De Gasperi.

Notizie sempre più brutte dalla Zona B.

Al Congresso *per l'Africa* ha parlato Gronchi. Le speranze non sono molte. De Gasperi mi ha detto che Gronchi è un patriota. Lo rispettò, per questo, anche Mussolini.

Il Consiglio ha convertito in legge il lodo De Gasperi, con la gioia dei contadini (non certo dei proprietari).

Esponenti del cinema chiedono al Presidente di accelerare la legge di sostegno. Mi incarica di seguirla bene a Montecitorio.

7 maggio

Il Consiglio perfeziona la conversione in legge del lodo De Gasperi. Vecchi deputati non concorderanno ritenendo dannoso colpire i borghesi. Ma non siamo seguaci di Toniolo?

Di Vittorio ha detto oggi che se nel 1921 fosse riuscito lo sciopero generale il fascismo non avrebbe vinto. De Gasperi non solo non è d'accordo, ma dice che i tanti scioperi portarono consensi a Mussolini.

Bicameralismo imperfetto negli Stati Uniti (Oklahoma). Un deputato ha ucciso il senatore Tom Finney.

Nomina di due ambasciatori «politici»: Alfonso Taccoli (DC) a Praga; Egidio Reale (PRI) a Berna.

Confermata la liquidazione dell'Istituto Luce. E il suo archivio? Sembra che molti lo vogliano distruggere.

Molti ingressi e molte uscite nel ruolo dei prefetti.

Gullo ha insistito ancora contro Pilotti, anche se il Consiglio Superiore gli ha dato torto. Ricordo a De Gasperi la subordinata (Tribunale delle Acque).

Buon articolo di Giorgio Tupini contro la propaganda blocchista di Nenni.

Comunisti isolati in Francia.

8 maggio

Commenti all'uscita dei comunisti dal governo francese. Non alzano per ora barricate. E da noi? Credo che il Presidente sia stanco del doppio giuoco. L'ha ripetuto stasera: «In Consiglio sono cortesissimi ma il loro partito è contro di noi duramente». La discussione economica generale lo metterà in luce.

In Brasile la magistratura ha messo i comunisti fuori legge.

Il biglietto del tram va a dieci lire. In Inghilterra (Gran Premio di Jersey) ha vinto la Maserati.

9 maggio

Affilate le armi in attesa del dibattito generale. Ma c'è aria di crisi perché anche molti governativi non se la sentono di sostenere il governo. De Gasperi non ne può più.

In Assemblea si è parlato di fame nel mondo. Auguri all'ONU per le iniziative sul tema.

Guglielmo Giannini, chiamato fascista da Di Vittorio, risponde a modo suo. Nervosismo diffuso.

Ho scritto il fondo del «Popolo» sulla necessità di chiarificazione nel programma di governo. Vi sono frasi a doppio e a triplo taglio. La fiducia non si impone.

Intanto quasi tutti – lo dicano o no – sono per ritardare le elezioni.

A Milano – ce l'hanno telefonato i giovani – ha avuto successo un comizio dell'onorevole Renato Cappugi, sindacalista.

De Gasperi intende dare spazio al discorso dell'onorevole Vanoni. È «un vero economista ed un cristiano più di tanti *schedati*».

Il lavoro sarà tutelato. Lo ha sancito l'Assemblea.

Pranzo all'ambasciata inglese per il cardinale Griffin.

10 maggio

Il Presidente è andato a Castel Gandolfo, ospite di Bonomelli. Spesso si incontra lì con monsignor Montini.

Non ha preso con sé il fascicolo di preparazione del dibattito. Bartolotta dice che siamo ormai alla crisi.

Nervosismo per la situazione finanziaria. Molti italiani veramente soffrono: De Gasperi dice che hanno diritto a una parola chiara. Parlerà all'Assemblea.

Notizia triste: i malati di tubercolosi aumentano. Deludente – in tutt'altro campo – è il risultato dell'incontro di calcio tra britannici e rappresentativa continentale. Per noi c'era il centro sostegno Carlo Parola. Abbiamo perduto 6 a 1.

11 maggio

Convocato per domani il Consiglio, con un o.d.g. molto denso. Ma è forma. Il Presidente dirà che occorre un supplemento di fiducia e che va azzerata la situazione. Non è necessario che sia ancora lui al Viminale, ma chi c'è deve poter contare su appoggi leali e senza riserve.

Il doppio giuoco dei socialisti è tremendo. Per Nenni forse non è nemmeno doppio. De Gasperi è molto disturbato.

12 maggio

Tutto come previsto.

Cappa mi ha detto che Sereni ha avuto espressioni lusinghiere per il Presidente e anche per Campilli e Morandi. Quest'ultimo s'è detto comunque contrario alla crisi.

In serata un comunicato della direzione socialista è interpretato dal Presidente come l'Olio Santo. È stato uno strano giuoco di birilli. Comunque domani si formalizzerà.

Terremoto in Calabria. Morti e senza tetto in una zona ancora tanto provata dalla guerra.

Secondo i giornali, in Francia manca il pane e in Germania gli addetti ai servizi pubblici incrociano le braccia perché denutriti. Il proverbio che il male comune è un mezzo gaudio lo stimo idiota.

Agitati gli esponenti di estrema destra a Milano. La polizia «ferma» i giornalisti Servello e Pini e li deferisce per il confino.

In America si è dimesso Dean Acheson. Ha scritto a Truman che con lo stipendio governativo non ce la fa a vivere.

13 maggio

Nella notte la crisi è esplosa, formalizzata in mattinata nel Consiglio dei Ministri.

Era inutile andare all'Assemblea ed esporre un programma che si sa molti non appoggiano. Ho ricordato a De Gasperi che qualche mese fa disse che bisogna *prima* concludere alcuni punti cruciali (Trattato di Pace e rapporti con la Chiesa). Non ha fatto commenti. Ha rivolto invece uno splendido appello agli italiani.

Un telegramma del senatore Vandenberg lo ha informato oggi che stanno insistendo per ulteriori aiuti.

Non avevo finora annotato le iniziative dei magistrati per scioperare. A Milano si sono opposti votando a scrutinio segreto.

Riunione del Consiglio. Il Presidente ha fatto prendere atto che i socialisti hanno aperto la crisi! Del resto «l'Unità» aveva già dichiarato che De Gasperi avrebbe parlato all'Assemblea a *titolo personale*.

Il Presidente è andato subito a Palazzo Giustiniani e nel pomeriggio ha dato l'annuncio formale a Montecitorio. Nessun dibattito e molta incertezza in giro.

Le nuvole sono sempre più dense. De Gasperi vedrà

Togliatti direttamente, anche se è turbato dalla sua ambiguità. Ha votato bene sul rapporto Stato-Chiesa e sul Trattato di Pace; ma quotidiana è la campagna dell'«Unità» e delle sezioni contro il governo e anche contro la persona di De Gasperi (al quale il ministro Sereni continua invece a rivolgere elogi e soffietti).

Di fatto siamo alla crisi. Prima di aprirla hanno approvato aiuti urgenti per i terremotati di Catanzaro. Formalmente sono stati i socialisti a far cadere il governo, definendolo *inefficiente* in un commento della direzione. Forse Nenni è nervoso per l'annunciato incontro del Presidente con Togliatti.

14 maggio

La Democrazia Cristiana si è espressa per un governo di larga concentrazione. È la ricetta giusta? Mi sembra che il Presidente non la condivida.

I «patriarchi» che sfilano per le consultazioni non esprimono molte idee. Orlando confessa apertamente di non averne.

Intanto su proposta di Gronchi l'Assemblea quasi unanime approva la partecipazione dei lavoratori alla gestione delle imprese. Gronchi ha ricordato la *Rerum Novarum* (cinquantasei anni fa Leone XIII chiedeva questo).

Tragedia a Roma presso piazza dell'Indipendenza. È esplosa la sede della Minerva Film travolgendo le quaranta persone che erano al lavoro. Alcune dattilografe hanno tentato invano di salvarsi gettandosi dalle finestre.

L'altro giorno il titolare, Antonio Mosco, ha detto

che il suo obiettivo era di raggiungere quattro miliardi di debito con la Banca del Lavoro, la quale non li farà mai fallire perché verrebbe travolta. Difficile ragionamento. Sull'incendio si sta muovendo la Procura della Repubblica.

15 maggio

De Nicola ha concluso le consultazioni. Sembra un rito un po' vecchio, ma serve per avere qualche giorno di riflessione.

Grande afflusso di svizzeri in Vaticano per la santificazione del beato Nicola de Flue. Il vicepresidente Celio presiedeva la delegazione governativa. Si sono sentiti per telefono con De Gasperi. In onore del beato la cupola di San Pietro questa sera sarà illuminata elettricamente. Peccato. La fiaccolata era uno spettacolo.

L'incarico è andato all'onorevole Nitti.

16 maggio

La DC con un comunicato si dichiara pronta a un governo di concentrazione anche se dovesse rinunciare alla direzione.

È un atteggiamento sostanzialmente antidegasperiano e di paura, che non mi piace. Tuttavia scrivo un articolo per reagire a Nenni che ci accusa di essere contro Nitti. In molti lo siamo.

Don Sturzo scrive un articolo in appoggio a Nitti.

17 maggio

Nitti sta lavorando. Ha offerto *direttamente* a Tupini il Ministero dell'Interno (non tratta con i partiti) e si dichiara ottimista. Vito Reale, suo braccio destro, distribuisce nel Transatlantico portafogli e sottoportafogli.

De Gasperi mi ha chiamato. De Nicola gli ha detto che ha posto come condizione a Nitti di «imbarcare Orlando». Che vuol dire? Mi incarica di andare a sentire. Chiedo udienza. Orlando, che è a letto ammalato, mi vedrà domattina alle undici.

18 maggio

Sono emozionato. Orlando è in effetti a letto e mi ha ricevuto al suo capezzale. Introducendomi, Camillo (il figlio) scuote la testa ridacchiando, per farmi capire che la malattia non esiste. Il Presidente è molto gentile, parla benissimo di De Gasperi dicendo che doverlo contrastare in Assemblea sul Trattato di Pace è un dovere di coscienza, ma nulla di personale. Comprende come il governo dovesse premere per la firma. Il mondo non ci ama.

Cosa pensa della crisi? Mi dice di andare nella stanza accanto e attendere. Sta per ricevere Nitti e Croce poi mi riferirà (coincidenza voluta o occasionale?). Comunque, dallo studiolo dove vado ad attendere, il trialogo è recepito senza alcuno sforzo. Dopo brevi convenevoli ho ascoltato un litigio a tre voci con toni ed espressioni da portuali. Orlando rimprovera a Nitti di averlo silurato nel 1921; Nitti replica che l'ostilità sull'Assicurazione vita fu un'infamia e che Orlando si era potuto risparmiare l'esilio, lui no. Su ambedue le voci – quasi simultanee – vi è un sottofondo crociano con parole durissime e difficoltà da parte mia di comprendere se voglia aiutare o meno il governo Nitti. Sono questi i Padri della Patria?

Richiamato al capezzale, il Presidente Orlando mi ha detto con una smorfia divertita: «Hai sentito? Riferisci a De Gasperi con i miei auguri».

Sono uscito dalla villetta con la testa che mi girava a vortice. De Gasperi invece non mi è sembrato sorpreso. Comunque De Nicola gli ha fatto sapere che incaricherà Orlando, ma a condizione che a sua volta imbarchi Nitti.

Una liturgia che a me sembra squallida.

Grandiosa manifestazione commemorativa della *Rerum Novarum* alla Basilica di Massenzio, stracolma. Prima di De Gasperi – che aveva preparato un elaborato discorso misto di storia e di attualità – hanno parlato Camillo Corsanego e Giulio Pastore.

19 maggio

Una bomba giornalistica. In un discorso a Washington il Sottosegretario di Stato Summer Welles ha parlato di noi, dicendo che gli italiani – scontenti per il Trattato di Pace – rischiano di cadere sotto Togliatti. Inoltre sa che alti funzionari (termine non burocratico) italiani hanno le prove che il Partito Comunista riceve danaro da Mosca.

Togliatti ha dato alle Agenzie il testo di un telegramma inviato a Summer Welles. Fuori le prove; e se non le ha, le persone oneste di tutto il mondo avranno il diritto di pensare che è un mentitore.

Immediata replica da Washington: le prove i funzionari italiani le hanno.

È così. (Eugenio Reale ha sghignazzato con i suoi parenti Reggio d'Aci.) Ma certe fonti vanno tutelate. Del resto se è vero che li ricevono in dollari non è male per l'economia italiana.

21 maggio

Alla Costituente il lavoro continua. Oggi sono emerse proposte per rendere obbligatorio l'esercizio del diritto di voto. Non è facile.

Nitti ha gettato la spugna perché Orlando (condizione tassativa posta da De Nicola) non ha aderito. È ora di scena lo stesso Orlando, ma se De Nicola, come ha confermato questa mattina, esige che ci sia Nitti, non potrà concludere. Dopo quello che ho ascoltato ieri non ci sono dubbi.

Via libera per De Gasperi? Ma quale concentrazione vorrà e potrà fare?

22 maggio

Ieri sera il vertice della DC ha emesso un comunicato polivalente. De Gasperi ha ascoltato. Paratore mi ha detto che De Nicola vuole che De Gasperi rimanga al Viminale.

Alla Costituente è sancito il servizio militare obbligatorio e la difesa della Patria è definita un *sacro dovere.* Strane adesioni di Moro, Pastore e Zaccagnini.

23 maggio

La girandola delle consultazioni – siamo alla terza fase – continua. Non so se la gente se ne interessi.

24 maggio

Come dovevasi dimostrare. Reincaricato De Gasperi: ma con quali partecipazioni e sostegni?

Nenni sull'«Avanti!» è stato provocatorio e occorre rispondergli. De Gasperi approva il mio articolo e sorride per il finale: «In quanto alla Democrazia Cristiana capita ciò che secondo la leggenda toccò alla Sacra Famiglia mentre emigrava verso l'Egitto. Tutti avevano da criticare circa l'uso dell'unico asinello a disposizione, sia che se ne servisse l'uno o l'altra dei pellegrini sia che lo si lasciasse incedere a libero dorso. Alla meta però arrivarono egualmente».

Orlando, nel colloquio con il Presidente, è stato molto cordiale.

Togliatti, all'uscita, ha parlato di un «primo colloquio» e lo ha definito «positivo». Comunque «nessun dissenso su punti fondamentali».

Tutto *sembra* vago, ma il Presidente sa certamente dove arrivare.

De Nicola, ai Mercati di Traiano per inaugurare la Mostra della Ricostruzione Ferroviaria, si è detto moderatamente ottimista. E ha detto bene di De Gasperi al ministro Ferrari (che qualcuno dei suoi chiama comunista degasperiano).

Orlando mi ha detto al telefono di far notare a De Gasperi che oggi è il 24 maggio. La palla è tornata a lui e riuscirà.

De Nicola, ribadendo che non si intromette, gli ha detto che il mandato è senza limiti.

De Gasperi mi sembra deciso, ma ai vertici della DC di *scaricare* i comunisti non se ne vuol parlare.

Padre Caresana è venuto a fare gli auguri. Il Presidente dice che ne ha bisogno; ma più che altro di preghiere.

25 maggio

Contatti, schemi, voci. Tutto sembra fluido. Nenni (*excusatio non petita?*) rifiuta l'addebito di aver silurato Orlando e di voler silurare De Gasperi, ma dice che le forze popolari espresse il 2 giugno dell'anno scorso non devono essere divise.

Solenne commemorazione dei sette ammiragli morti in guerra.

26 maggio

Riunione riservatissima della direzione DC durante la quale De Gasperi espone con chiarezza la sua idea, suscitando apprensioni e dubbi. Invoca fierezza e coraggio, ricordando che la rinuncia di Meda aprì la strada a Mussolini. Nenni non è affidabile e Togliatti non ha internazionalmente le mani libere.

Se Saragat ha coraggio e se repubblicani e liberali non si tirano indietro la coalizione democratica può partire. Se vogliono prima vedere se reggiamo riservandosi di entrare tra qualche mese, così sia. Con voce fermissima invoca coraggio e decisione.

Parecchi volti sono sbiancati. Prima obiezione: che ripercussione avrà alla Costituente? Seconda – e più forte – obiezione: la piazza sarà mobilitata contro di noi?

De Gasperi è stato paziente. Ma fermissimo. A un nuovo appello al *coraggio* è sembrato che qualcuno volesse reagire. Un lungo silenzio. Il Presidente è andato alla finestra e attraverso i vetri guardava fisso verso la Chiesa del Gesù. Aveva gli occhi lucidi. Con estrema fermezza ha detto che non è più tempo di esitazioni. Definirei la conclusione come accettazione tacita, anche se densa di interrogativi.

27 maggio

L'Assemblea Siciliana ha eletto Presidente il liberale Ettore Cipolla con 48 voti contro i 31 riportati dal comunista Montalbano. De Gasperi è soddisfatto della normalizzazione dell'isola. Ricorda che Orlando aveva detto che portando alla Costituente Finocchiaro Aprile e Concetto Gallo li avrebbe calmati.

Comunque l'isola va.

Intenso lavoro di persuasione sui nostri deputati. Gronchi non è soddisfatto, ma non agisce contro.

Dall'America il leader sindacalista Antonini rimprovera Nenni per la sua politica, dicendo di aver procurato ai socialisti aiuti ingentissimi per bilanciare quello che i comunisti ricevevano da Mosca. È un metodo che a De Gasperi non piace. Ma forse sul momento può giovare.

28 maggio

Le istruzioni di scuderia sono: «Al tripartito non si ritorna». Ma come si isolano comunisti e socialisti? Terracini è andato da De Nicola a dichiarare che il Gruppo che ha la maggior forza nella Costituente non può essere estromesso. A sinistra si ironizza su quattro presunte consultazioni ecclesiastiche che avrebbe fatto De Gasperi, tra cui il Padre Generale dei Gesuiti Janssens. La resistenza interna alla DC ha più volti e più motivazioni. A Gronchi forse non dispiacerebbe di venire al Viminale. Comunque è ai ferri corti con i qualunquisti, forse perché i loro voti sono determinanti per la messa a riposo di Nenni e Togliatti.

29 maggio

Contatti – diretti e indiretti – con i possibili alleati. Sembra che ci stiano. Nenni se la prende con l'Azione Cattolica. Voci di torbidi in Ungheria.

De Gasperi mi aveva dettato o quasi un articoletto: *Il Tripartito no.*

«*L'on. Orlando, agli sforzi del quale molti guardavano con ansiosa fiducia perché non tramontasse la possibilità di un largo governo di concentrazione, ha declinato il reincarico ricevuto, dopo una giornata intensa di contatti e di esplorazioni.*

Non avevamo errato prevedendo il consenso alla fatica del vecchio Presidente da parte di quei gruppi di centro sinistra che avevano invece reso vano il tentativo di Nitti; né ci era sfuggita la elementare manovra dei nenniani per rendere dura la strada ad Orlando in vista di una pericolosa concorrenza dei saragatiani.

L'elemento decisivo che pesava sulla bilancia politica era l'adesione di Nitti al Ministero Orlando. Questa adesione è mancata, ed anche se possiamo comprendere i motivi di obiettivo disagio per Nitti verso il mutato atteggiamento dei saragatiani, ci sembra assai grave la conseguenza del fallimento di una iniziativa avviata verso una discreta probabilità di successo.

Dietro le quinte qualche esponente dell'estrema sinistra e dei socialisti-comunisti si stropiccia le mani pregustando la gioia di un nuovo tripartito. Siamo in grado, pur nella complessità della situazione e nella pluralità delle soluzioni possibili, di far tramontare questi piccoli entusiasmi, dichiarando senz'altro che al tripartito la Democrazia Cristiana non intende in alcun modo tornare.

È ancora possibile sperare in un allargamento? Dopo Nitti ed Orlando dovrebbe tentarlo Bonomi, nonostante le sue non buone condizioni di salute.

Tra le voci di stampa di iersera è notevole un articolo dell'on. Tullio Benedetti nel quale si piangono cocenti lacrime ad emulsione ritardata circa la mancata formazione del Ministero Nitti. Chi scrive ha una reverente stima per il direttore del "Giornale della Sera", ma non riesce ancora a capire come mai le accuse di sabotaggio motivato come lotta ad una rigorosa politica di tassazioni provengano da uomini che sono esponenti sul piano sociale non proprio delle… congregazioni di carità.

Acuto e sereno l'articolo di Saragat dove si parla di

disprezzo della impopolarità. Può essere una buona norma orientatrice nelle vicende attuali.»

Il Presidente mi ha chiamato stasera. Sarò sottosegretario alla presidenza e, come tale, continuerò a dare un'occhiata alla Costituente. Sorpresa. Cappa ieri aveva accennato questo e io avevo smentito ridendo. Sarò capace? De Gasperi mi dice che monsignor Montini ne è molto contento.

Torno a casa turbatissimo.

31 maggio

Il dado è tratto. Luigi Einaudi entra come vicepresidente, creandosi un nuovo ministero: il Bilancio. E resterà (solo a lui è consentito) Governatore della Banca d'Italia. Il liberale Giuseppe Grassi è Guardasigilli. Sforza rimane agli Esteri. Corbellini ai Trasporti e Merzagora al Commercio Estero rappresentano i tecnici.

Socialdemocratici e repubblicani si riservano di dare tra qualche mese l'appoggio pieno ed entrare nel governo.

1° giugno

De Gasperi ha indicato l'impostazione del giornale (continuerò a fare da tramite). Bisogna esortare la gente ad apprezzare il nostro coraggio e parlare di problemi economici e sociali, non raccogliendo le sfide di… alta politica sulla formula governativa.

Sottolineare *nei modi giusti* il primo anniversario della Repubblica e della Costituente.

2 giugno

Soddisfazione del Presidente per l'atteggiamento della stampa verso il governo. Spera che duri anche quando prenderemo provvedimenti «popolari».

Di Vittorio ha aperto a Firenze il Congresso della CGIL. Coincidenza molto importante. Cappugi ha detto all'inviato del «Popolo» che il dibattito sarà da parte loro duro, anche se Di Vittorio ha gettato ponti verso le ACLI.

Celebrazione a Montecitorio per il primo anniversario della Repubblica. De Nicola è arrivato con la scorta di corazzieri a cavallo.

Solenne udienza del Papa ai cardinali nella Basilica di Sant'Eugenio. Nel discorso ha parlato molto di *azioni coraggiose.*

3 giugno

Giulio Pastore ha difeso a Firenze l'unità sindacale, ma ha detto che i partiti non devono ingerirsi.

Tesi contrapposte alla Costituente sul regionalismo. Con tutto il rispetto per la linea Sturzo, non mi convince. Sono troppo romano?

Il Presidente è colpito dalle involuzioni ungheresi. Abbiamo fatto in tempo a liberarci dai comunisti.

Einaudi cede il Tesoro al professor Gustavo Del Vecchio (tecnico) e le Finanze all'onorevole Pella, ma resta al Bilancio, ora formalizzato.

4 giugno

Perfezionata la mia nomina a sottosegretario. Entro con emozione nella sala del Consiglio. Giuro e comincio a verbalizzare (lo aveva fatto, agli inizi, Fanfani). Cappa è venuto a rallegrarsi (è ministro ed è soddisfatto).

Atmosfera calma a Firenze (CGIL).

Nominato un vicedirettore generale alla Banca d'Italia, il dottor Paride Formentini.

5 giugno

Parlare di Iniziativa Privata suona male al Congresso della CGIL. Il cattolico Armando Sabatini è stato molto contestato. Ma alla messa del cardinal Dalla Costa erano andati in molti.

Giornali a dieci lire.

Marshall ha esposto a Harvard il programma di aiuti all'Europa che aveva preannunziato a De Gasperi. È per *tutta* l'Europa.

Il Presidente è lieto per una lettera di La Pira («Il Paese è contento e ha speranza; e questa speranza diverrà certamente una realtà. Ti accompagna la preghiera di molti»).

È morto monsignor Carlo Respighi. Gli devo tanto per la mia formazione. Per anni ha condotto noi «ragazzini di Campo Marzio» alle stazioni quaresimali e ci faceva entrare in Vaticano senza formalità, anche per assistere alle udienze del Papa. (Della mia «vocazione politica» diceva che... non si voleva impicciare.) Sento dolore e nostalgia.

6 giugno

Piccioni ha difeso con vigore il progetto regionale. È il nostro Segretario Politico e così sia.

Fanfani ha parlato a Firenze con applausi, ma al Congresso vi è maretta. Hanno fischiato sia l'oratore repubblicano (omonimo di Parri) che i cattolici Morelli e Zini. Un sottofondo di intolleranza multivalente.

7 giugno

Visita ufficiale a Roma del Presidente della Regione Siciliana Peppino Alessi. Ha partecipato al Consiglio dei Ministri. De Gasperi gli vuole bene e ha apprezzato la sua dichiarazione («Nessuna polemica con Roma»).

Si va verso l'abolizione del prezzo politico del pane.

A Firenze ha avuto successo l'onorevole Renato Cappugi. Accolto bene il ministro Segni.

10 giugno

Commemorato l'onorevole Matteotti (bene Merlin) e iniziato il dibattito, con Ruini, molto tecnico; e Vittorio Foa, contrario al governo e un poco meno alla DC.

A Napoli cerimonia per Salvo D'Acquisto, il carabiniere che si offrì ai tedeschi come vittima per evitare la fucilazione di cittadini. Messaggio del Presidente.

Giovani democristiani – specie delle borgate – sono venuti ieri in piazza Montecitorio ad applaudire De Gasperi. L'«Avanti!» non ha digerito questa «manifestazioncella» dandone la paternità al *giovane sottosegretario* Andreotti. A loro avviso l'onorevole Cappa non l'avrebbe fatto. Forse.

11 giugno

Dibattito senza emozioni. Oratoria vulcanica quella dell'onorevole Labriola, in qualche punto di non facile interpretazione. Persuasivo l'onorevole Bertone (già ministro con Facta).

Annuncio medico dall'Università di Firenze: con la streptomicina si può vincere la meningite tubercolare. Mia madre lo ha letto nel giornale e piange. Dodici anni fa morì così mia sorella.

12 giugno

Squallida manovra dell'ex commissario all'Alimentazione Cerreti. Sventola un foglio definendolo scandalizzante. Scelba avrebbe bloccato un'inchiesta prefettizia su un imbroglio. Alla reazione durissima di Scelba ha fatto seguito la vergognosa marcia indietro del falso moralista. Anche alcuni suoi colleghi erano rammaricati.

Seduta da dimenticare. Commenti amari in proposito stasera nel Convegno giovanile della DC, convocato per le mie dimissioni e quelle di Gabriele Amorth (io perché sottosegretario e Gabriele per vocazione sacerdotale). Ci sostituiranno fino al Congresso Cesare Dall'Oglio e Franco Nobili votati a scrutinio segreto.

Una delegazione di medici ha sottoposto a De

Gasperi un progetto di celebrazioni per il centenario della nascita di Carlo Forlanini, inventore del pneumotorace. Li incoraggia.

13 giugno

A Cremona la destra non ha potuto tenere un comizio (al chiuso) perché avversari politici avevano bloccato gli accessi. Scelba ha rimosso il questore per non aver saputo prendere le misure necessarie. Per il ministro, che lo ha detto oggi alla Costituente, è una questione di principio.

A questo punto si è ripresa la questione Cerreti, con analisi di carte burocratiche cui è comunque estraneo il ministro. Parla a lungo Dossetti, con minuziosa lucidità.

Il dibattito si chiude su un o.d.g. Selvaggi: 248 contro 175. È quasi mezzanotte e non è stata proprio una giornata da ricordare. I giornalisti sono molto critici verso Cerreti.

Un forte articolo ufficioso dell'«Osservatore Romano» (firmato T.: il direttore Dalla Torre) sull'insegnamento di Pio XII contro la guerra, che non può essere mai ritenuta inevitabile.

14 giugno

Proroga della Costituente a fine anno. La proposta alternativa – 8 settembre – non piaceva, anche per l'infausto ricordo del 1943.

Voteremo a marzo.

Gli Stati Uniti hanno ratificato il Trattato di Pace. De Gasperi è lieto che il Presidente Truman abbia ricordato l'apporto dell'Esercito Italiano alla liberazione. Se ne parla poco (il Presidente l'anno scorso lo esaltò parlando a Cassino).

Continua l'emozione per la conquista comunista dell'Ungheria.

15 giugno

Taviani, vicesegretario DC, ha parlato a Bologna con successo. De Gasperi si rallegra perché: «*In partibus infidelium*».

Fanfani ha parlato a Reggio Emilia al Congresso Nazionale della Cooperazione. È un settore storicamente importante per i cattolici, ma oggi a prevalenza degli altri.

16 giugno

Messaggio di Sforza al Segretario di Stato Marshall. Voltata pagina, costruiamo insieme.

Alla Costituente Scoccimarro parla pacatamente riconoscendo l'utilità del prestito americano. Però i lavoratori non accettano di esser fuori del governo. Pronta interruzione di Renato Cappugi: «Ma noi non siamo lavoratori?».

Dunn ha detto a De Gasperi che Marshall vorrebbe che anche la Russia accettasse il programma di aiuti. Sul quale però vi sono dissensi nel metodo di organizzazione (una Conferenza internazionale?).

17 giugno

De Nicola preannuncia il suo ritiro per malattia. Ha convocato per domani Terracini e De Gasperi.

Stasera il Presidente mi ha detto – e ispiriamo così il fondo del «Popolo» – che lo inviterà a credere nell'aiuto di Dio tanto più che domenica assisterà alla canonizzazione del beato Giuseppe Cafasso.

L'«Osservatore Romano» torna sul tema definendo la guerra un *paradosso*. Tra l'altro il conte Dalla Torre scrive molto bene.

18 giugno

De Nicola ha accolto l'invito e resta. È guarito.

Il vicepresidente Einaudi illustra il bilancio. La spesa pubblica sarà di 832 miliardi.

Tramite l'ambasciatore a Washington il governo si dichiara pronto al «programma comune».

Circola il testo di una intervista di Benedetto Croce contro il regionalismo.

19 giugno

Ancora il caso Cerreti alla Costituente, ma con marcia indietro del parlamentare, nonostante piroette dialettiche di Togliatti. Comunque l'Assemblea chiude – 277 a 156, su o.d.g. del liberale Cifaldi – e riprende a lavorare.

Il vescovo di Trieste, monsignor Antonio Santin, aggredito a Capodistria.

De Gasperi gli invia un caldo messaggio. Il Papa gli ha telefonato.

20 giugno

Ancora incertezze sulla risposta russa a Marshall.

De Gasperi prepara la replica (domani).

21 giugno

La replica del Presidente è stata efficace. Documentata, senza eccessivi tecnicismi, con fermezza politica (utile anche per i nostri). Sono stati Nenni e Togliatti a minare le precedenti collaborazioni governative.

Scandendo le parole ha sfidato a trovare lungo tutti i suoi discorsi e contatti in America una sola parola che suonasse come una critica o una riserva verso uno dei partiti che in gennaio erano al governo.

A Nenni, che cita spesso Marx, ha detto che Marx doveva smantellare uno Stato capitalistico, ma qui oggi abbiamo una vera Repubblica democratica. Cambi il filosofo di ispirazione.

Benedetto Croce, ascoltatissimo, ha fatto la dichiarazione a favore pur ripetendo che i liberali con la Democrazia Cristiana hanno su alcuni punti «sostanziali contrasti».

Vittorio Emanuele Orlando si è associato a Croce.

Esito del voto: 274 favorevoli, 231 contrari e 4 astenuti (Nitti, Bergamini, Parri e Scotti).

22 giugno

Discorso del Presidente a Bergamo. Ha parlato dei sacrifici che i «ricchi» devono accettare di fare per salvare il Paese. Conclude parlando di «Dio e libertà». È un'impostazione utile per correggere l'impressione degli americani su una presunta equidistanza della Chiesa. Lo ha scritto Tarchiani, preoccupato.

A Roma solenne triplice beatificazione: Giuseppe Cafasso, Giovanni De Britto e Bernardino Realino.

Monsignor Paschini mi dice che il Cafasso è ricordato come consolatore dei condannati a morte. Vuol dire che anche a Torino e non solo nello Stato Pontificio vi era la pena capitale.

La delegazione portoghese, anche dell'Angola e del Mozambico, era imponente.

23 giugno

Il Presidente ha visitato la Fiera di Milano, ricevuto da Gasparotto. In un padiglione si illustra la tragedia di Montecassino.

Tornato a Roma ha visto Scelba, latore di preoccupanti notizie sull'attività del bandito Giuliano in Sicilia. È stata posta una taglia di tre milioni per chi riesce a catturarlo.

Nuovi sussulti paradimissionari di De Nicola.

Bombe contro le sedi dei partiti di sinistra a Partinico. Di notte e senza vittime.

24 giugno

Ripresa dai giornali un'intervista del Presidente alla Reuters: aiuti Marshall e collaborazione europea con un *giusto posto* per l'Italia.

Ma l'evento più importante è la firma dell'accordo sulla mezzadria. Segni si è detto fiero di aver collaborato con De Gasperi in questo successo democratico.

Il Presidente ha inviato un messaggio di felicitazioni al Primo ministro Schuman per l'approvazione del suo Piano.

Rispondo a un'interrogazione del professor Caronia sull'incompatibilità tra deputati nazionali e regionali.

25 giugno

Lettera di De Nicola all'Assemblea. La salute non va e si dimette. Tutti d'accordo, si decide di rieleggerlo domani. Il Consiglio dei Ministri ne aveva parlato stamattina, decidendo di insistere perché resti.

Seduta *importante* del Consiglio. Scelba parlando dell'«avventuriero» Giuliano ha escluso connessioni politiche attuali, mentre prima ha lavorato per Finocchiaro Aprile e per Varvaro. De Gasperi è sorpreso dalla dichiarazione di Scelba che «principi e duchi» sostengono il bandito.

È stato dato incarico a Einaudi, a Grassi e a me di istruire i ricorsi dei collocati a riposo d'autorità. Se, caso per caso, saremo concordi il Consiglio prenderà atto, se no discuterà. È una grave responsabilità.

Terzo intervento del conte Dalla Torre contro le guerre. Questa volta con elogio del Progetto Marshall.

26 giugno

Come da intesa De Nicola è stato rieletto con 405 voti, 19 schede bianche e 2 nulle.

Subito dopo, il pellegrinaggio a Palazzo Giustiniani e l'annuncio che accetta, ma con un brevissimo periodo di parziale riposo.

Arriva la signora Evita Peron. Alla vigilia della partenza, con una messa solenne (cardinal Copello) gli argentini hanno ringraziato l'Italia per l'invio degli emigranti. Applausi qui della gente, affascinata da Evita (in verità molto bella).

Un'isolata manifestazione contraria di comunisti dinanzi all'ambasciata dell'Esquilino.

Al ricevimento di De Nicola a Palazzo Giustiniani gli onori di casa li farà la signora Terracini. Tutto bene.

In latino è pubblicata una dichiarazione della Congregazione Concistoriale con la scomunica agli aggressori di monsignor Santin (*Episcopus Tergestinus*).

27 giugno

Secondo i vecchi protocolli, la signora Peron dedica la prima giornata ufficiale al Santo Padre: udienza, omaggio in Basilica e visita alla Biblioteca, dove padre Albareda le mostra i codici più belli e quelli legati all'America Latina.

Subito dopo, l'accoglienza italiana che sarebbe stata

comunque calda, ma diviene ora importantissima dati gli accordi di emigrazione in pieno sviluppo.

Nel pomeriggio ricevimento in ambasciata per connazionali e amici personali.

Il nostro protocollo è minuzioso e De Nicola lo ha rivisto due volte e aggiustato. Tuttavia dedichiamo cure meno incipriate ma altrettanto sentite all'arrivo ad Ancona del piroscafo *Kosmay* con un migliaio di ex prigionieri in Jugoslavia.

Come d'uso, monsignor Montini ha restituito la visita papale della signora Perón recandosi all'Esquilino.

In tarda sera (la signora non è molto puntuale) un'esibizione artistica a Villa Aldobrandini. Bisogna rendersi conto che non tutti i nuovi personaggi italiani hanno abiti da sera (ancora meno le loro mogli). Non vi è stato quindi lusso sfrenato. E qualche vistoso diadema brillava troppo.

Alla Costituente prevalgono i fautori del mantenimento delle province. Volevano conoscere il pensiero di De Gasperi, ma ha girato al largo. Mi dice che comunque le province di Trento e Bolzano vanno considerate a parte. Anzi tutte le province delle Regioni a statuto speciale.

Sforza ha presentato alla Costituente la ratifica del Trattato di Pace.

28 giugno

Donna Evita ha reso omaggio all'Altare della Patria e ha visitato due istituzioni: le Donne Elettrici (Carlotta Orlando) e l'Opera Maternità e Infanzia (commissario Gueli). Di qui a Villa Madama per la colazione dal ministro Sforza, che le ha rivolto un motivato saluto. Vi erano anche De Gasperi e Terracini.

Sforza non ha bisogno di noviziato.

29 giugno

Accompagno il Presidente a Venezia (Convegno dei giovani).

Venezia da dimenticare: piazza San Marco divisa in due, con un vistoso cordone divisorio di polizia. Il prefetto ci dice che la mobilitazione dei compagni è scattata già dall'alba. Sono qui con *qualche* bandiera e *molti* fischietti.

I dirigenti comunisti sembra che siano fuori città. I «nostri» sono molto numerosi, venuti anche da Padova e Treviso. Poche bandiere e, ovvio, niente fischietti.

Andiamo nella loggia di fronte a San Marco. La folla c'è e De Gasperi tiene alla puntualità. Silenzio, o quasi, all'arrivo da parte della... metà rossa. Mentre i nostri – stimati in oltre diecimila – applaudono, cercando anche di intonare *Bianco Fiore.* Ponti e Favaretto Fisca scortano il Presidente, che però vuole vicino Cesare Dall'Oglio e me come dirigenti dei giovani. Impossibile sentire al microfono i saluti al Presidente. Anche l'omaggio di fiori è subissato dai rumori. Sibili e applausi si incrociano, ma il rumore prevale.

A questo punto è scattato il piano di reazione e la truppa ha liberato i fumogeni per disperdere la folla ostile. È la prima volta: dice il prefetto a De Gasperi. E si vede. Purtroppo sbagliano in pieno direzione e la nuvola viene contro i «buoni» e sul nostro loggiato, togliendoci la vista della piazza. Sono minuti avvilenti che ricorderemo.

A Bergamo e Milano tutto era andato bene, ma i perfidi si erano riservati il colpaccio, qui dove l'eco è maggiore (molti turisti sono stati coinvolti).

Umori neri nel ritorno. Tra l'altro i miei amici Camerino (a Priscilla durante l'occupazione) avevano preparato una notevole sorpresa nella loro vetreria – la Salviati di fronte alla Prefettura – che avrebbe fatto piacere al Presidente.

30 giugno

Il governo non è intaccato dai fischi di Venezia e – dato importantissimo – a Montecitorio i costituenti informati dall'Agenzia hanno continuato il loro lavoro collegiale come se nulla fosse accaduto. Il sindaco veneziano tiene a far sapere che è veramente ammalato. Anche se a fatica, la boa è girata.

Il cardinale Tisserant, di ritorno da un viaggio negli Stati Uniti, ha cercato il Presidente, che ha letto alla radio il discorso che non ha potuto pronunciare a Venezia. Accenni a Manin e a Tommaseo.

Mi ha detto stasera che i dirigenti comunisti hanno perso un'occasione per sottolineare *insieme* la condanna a ventidue anni del mascalzone che denunciò ai tedeschi don Pappagallo, fucilato alle Ardeatine, e denunciò anche ai comunisti.

De Gasperi commenta le Agenzie con il discorso del generale De Gaulle sull'Europa mediatrice tra i blocchi. Non gli piace.

Dell'ambasciatore americano De Gasperi ha detto: «Dunn è un brav'uomo, ma frigido, senza fantasia ricostruttiva».

1° luglio

Maretta sotterranea contro l'imposta Patrimoniale. È vero: colpisce i redditi certi e non i borsari neri, ma senza questo provvedimento l'inflazione galopperebbe. Pella lo illustra bene ai giornalisti.

De Gasperi, inviando condoglianze a Jacini (morte della madre), ricorda i giovani modernisti della Lombardia nel primo Novecento. Non capisco molto. In aula ha espresso il lutto per l'esplosione della *Panigaglia* a Santo Stefano. Ancora impossibile quantificare le vittime. Si parla di cinquantacinque morti in questo sfortunato trasporto di munizioni, impostoci dal Trattato.

2 luglio

Cambio della guardia al «Popolo»: Luigi Agostino Mondini. Scelta professionale.

Convocazione di De Nicola. Vuole che gli porti io la «firma» perché la responsabilità degli atti sia del governo e non di singoli ministri. Ma non è questo. È rientrato da Napoli per salutare la signora Perón, reduce da Milano. Mi mostra, furioso, un giornaletto che lo vilipende per aver fatto fare gli onori di casa (ricevimento ufficiale della signora Perón) a un'*estranea.* Perché prende sul serio questi fogliacci? Non l'avessi detto. Esige il sequestro ex Legge di Pubblica Sicurezza. Diventa rosso per la mia resistenza. E va bene. Ne sequestriamo simbolicamente *una* copia. Così nessuno si accorgerà di questo *Scandalo a Palazzo Giustiniani*.

Fanfani ha concluso l'accordo per l'aumento delle pensioni. Disaccordo invece a Parigi dei franco-tedeschi con Molotov. La Russia è sempre più ostile al Progetto Marshall, che continua a definire provocatorio.

La battaglia dei regionalisti sta raccogliendo successi alla Costituente. Sono contento di non essere più io a occuparmi del Gruppo.

3 luglio

La Giunta delle elezioni annulla Lupis e proclama Sapienza: lite tra socialisti, ma uno è rimasto in casa Nenni e l'altro no.

Scelba, affrontando insieme i problemi creati dai disturbatori dei comizi politici e dalla malavita siciliana, annuncia la linea dura del ministero.

Ieri sera uno dei cecoslovacchi che era qui per la firma dell'accordo ha detto a Chiostergi che loro sono favorevoli agli aiuti Marshall, ma Mosca li ha bacchettati e richiamati all'ordine. Sono avviliti.

Al Consiglio si vara l'unificazione presso la Giustizia di tutti gli uffici legislativi dei ministeri. È molto saggio, ma a cominciare dai nostri collaboratori *ad hoc* non la faranno andare in porto. Questi collaboratori mi stanno insegnando molte cose. Tra l'altro a non decretare mai la messa agli atti, ma *atti per ora*. Così se lo vedono gli interessati non perdono la speranza.

In tema di lavoro mi preoccupa il settore spettacolo,

a cominciare dalla censura. Troppi settori fanno capo alla presidenza.

4 luglio

Gli Alleati hanno commutato nell'ergastolo la pena di morte inflitta a Kesserling, Mackensen e Mältzer. Non mancano commenti negativi (anche per la fretta) ma se alla Costituente siamo tutti contro la pena capitale...

Firmato l'accordo per gli aiuti post UNRRA. Dunn legge un caldo messaggio di Truman. De Gasperi e Sforza fanno gli auguri per la Festa dell'Indipendenza.

5 luglio

Ancora resistenza sulla Patrimoniale, ma quanti italiani sono sotto il minimo vitale? I comunisti sono però più dedicati a denigrare il Progetto Marshall. Perdiamo la libertà, incassiamo i trenta danari eccetera. Gli ordini di scuderia sono rigidi.

Al Consiglio Nazionale della DC ratifica di Dall'Oglio e di Mondini. Piccioni ha introdotto il dibattito generale con la solita illuminata pigrizia (frase del Presidente).

6 luglio

Da ambienti vaticani una nota di rispettoso dissenso per il reintegro di un generale che a suo tempo attentò a Mussolini. Si fa riferimento teologico-morale alla condanna dei regicidi. È un foglio informale e viene cestinato.

De Gasperi dice che occorre orientare di più la gente perché non si lasci attrarre dai comunisti. Abbiamo poca attenzione ai problemi culturali. Ne avevamo di più – dice sorridendo – quando eravamo esclusi dal circuito politico. La *libertas* va bene. Ma per i giovani va fatto di più, oltre il campo fisico.

Ha visto Paolo Bonomi, latore di ottime notizie della Coltivatori Diretti. Gli organizzatori sindacali *di prima* erano competenti e non fascisti faziosi. L'averli utilizzati è stato il segreto. Del resto nelle cooperative rosse si è fatto altrettanto.

A Frosinone grande attesa per il processo Graziosi. Conobbi Maria Cappa in vacanza a Segni e penso con tenerezza alla loro bambina. Molti fiuggini non credono che sia stato il Maestro.

Un pellegrinaggio francese molto numeroso a Roma per la canonizzazione di due connazionali beati. Vi è anche la principessa Maria Teresa d'Orléans-Braganza. Un deputato (radicale?) mi dice che in alcuni collegi una comunità di trenta suore può determinare la vittoria o la sconfitta. È qui per questo? Comunque il Papa ha parlato in latino e l'uomo mi sembrava annoiato.

7 luglio

Coda degli incidenti di Venezia all'Assemblea. Il sottosegretario Marazza esibisce l'ordine di convocazione per il quale i comunisti dovevano occupare la piazza dalle quattro e trenta del mattino. Roveda (già nel

Collegio Lombardo) rumoreggia. Pellegrini e Tonetti attaccano la polizia.

In Transatlantico molti commenti – sfavorevoli – alla commutazione dalla fucilazione all'ergastolo delle pene inflitte ai generali Kesserling e Mältzer e all'ambasciatore Mackensen. Lo ha deciso il Quartier Generale britannico. Molti ricordano che il generale italiano Bellomo è stato fucilato dagli Alleati.

Speriamo però tutti che il Progetto Marshall, con gli aiuti, faccia dare un giudizio diverso degli americani & Co.

8 luglio

Termina il Consiglio della DC indicendo il Congresso Nazionale a Napoli in ottobre.

Un po' di preoccupazioni nei regionalisti, ma i testi di prevalente scuola democristiana avanzano.

Graziosi si difende bene.

9 luglio

Attorno alla Patrimoniale si incrociano polemiche sul mancato cambio della moneta. Cappi, che è persona seria, accusa Scoccimarro di averla contrastata. Ma non è così. Furono gli Alleati per quel che so a bloccarla.

Scelba informa il Presidente che a Montelepre la caccia a Giuliano è in corso.

A Parigi aumentano le adesioni al Progetto Marshall (ormai si parla di *Piano Marshall*).

De Nicola è rientrato dal breve congedo.

10 luglio

Monsignor Baldelli, che ha tenuto oggi una conferenza stampa sul lavoro della Pontificia Commissione di Assistenza, era venuto prima in visita al Presidente che lo ammira molto.

Due sedute di Consiglio dei Ministri. È stato approvato l'atteso aumento agli statali. Non è molto, ma già questo obbliga a equilibrismi di bilancio. De Gasperi è ammirato dalla *lucida serenità* di Einaudi.

Appello ai contadini perché versino il grano agli ammassi. Liturgia dovuta.

Scarpe e tessuti Arar saranno distribuiti gratis in alcune province.

Paratore si è dimesso dall'IRI. Anche i vicepresidenti Sinigaglia, Pesenti e Menichella. Difficile sostituzione. Commissario dell'IRI sarà Giuseppe Longo (per quattro mesi!).

Sforza va a Parigi. Chiediamo la partecipazione al Marshall in posizione di parità.

11 luglio

Ripreso il Consiglio.

Lungo elenco di militari epurati e di promossi. Chi muore e chi nasce. De Gasperi critica l'ordinamento giuridico per cui occorre una delibera del Consiglio per vendere mille metri quadrati in Sardegna a tal signor Mario Carboni (ma entra nelle casse dello Stato mezzo milione).

Si è parlato di tutto oggi: dall'ENIC (Cinema) all'Istituto Popolare del Libro.

Per la presidenza dell'IRI bocciato il suo candidato (Ernesto Rossi). Einaudi propone Lombardo, La Malfa, Tremelloni e Longo Imbriani.

Scoccimarro in una lunga lettera al «Popolo» ha scritto che il cambio della moneta non lo si fece per l'avvenuto furto al Poligrafico dei *clichés*. Difficile ricostruire la storia, anche vicina.

Il Premio Strega vinto da Ennio Flaiano (*Tempo di uccidere*).

Critiche al Vaticano perché per l'esperimento di trasmissione televisiva sono andati a riesumare le musiche di un oscuro compositore del Cinquecento: Asprilio *Pacelli*. Si vorrebbe attribuire la scelta al Maestro Matteo Glinski, ma è molto dubbio. Comunque esperimento interessante.

Intanto annunciano il potenziamento della Radio Vaticana. Per attrarre ascoltatori manderanno in onda i dialoghi dei due gesuiti padre Miccinelli e padre Marchetti (*L'ignorante e il dotto*).

12 luglio

Aperta la Conferenza di Parigi. Eletto Bevin Presidente. Discorso di Sforza accolto bene (telefonata dall'ambasciata).

De Gasperi sottolinea la gravità della situazione in Palestina (due militari inglesi rapiti e malmenati da terroristi ebrei a Nathanya).

In Francia proibito un comizio di De Gaulle.

Il rapporto del governo con la CGIL continua con fasi alterne. Comunque con la componente cristiana vi è sintonia.

Da Washington monsignor Patrizio Carroll-Abbing fa sapere che il Presidente Truman gli ha dato concreti incoraggiamenti per il Villaggio del Fanciullo.

13 luglio

Piccioni ha tenuto un forte discorso all'Assemblea dei DC milanesi (ha telefonato soddisfatto al Presidente).

Gronchi a Bologna definisce l'Italia un ponte tra due civiltà.

Ricevuto al Viminale il ministro del Commercio USA, Averell Harriman. Rilasciato ottime espressioni per l'Italia.

14 luglio

A Parigi l'Italia è inclusa tra i cinque del Comitato Esecutivo. Soddisfazione del Presidente.

Polemica sui *professori di chiara fama.* Gonella li difende, replicando a Calamandrei e rammaricandosi per le avvenute dimissioni del Consiglio Superiore. Ma una battuta sugli am-professori (vedi am-lire) nominati dal colonnello Poletti crea imbarazzi per la posizione politica dei beneficiari.

Notizie allarmanti dalla Grecia.

16 luglio

Scoccimarro vorrebbe che le dichiarazioni per la Patrimoniale fossero sottoscritte sotto *giuramento.* Stupore e ironie. Ma non è passato per poco (152 contro 168).

Scelba si oppone all'apertura *de facto* delle case da giuoco, che definisce uno sconcio. Quelle che esistono (Venezia e San Remo) il fascismo le autorizzò per legge. Ma lo sconcio è la bisca o la mancanza di autorizzazione?

Terribile sciagura nel mare di Albenga: morti quarantadue bambini e tre insegnanti. Sono di una colonia estiva di milanesi.

Arresto in Romania di oppositori anticomunisti. La Cortina si sta chiudendo.

17 luglio

Il Presidente va all'aeroporto a salutare la signora Perón, che ha concluso il suo giro. Ha donato un milione per le famiglie delle vittime di Albenga.

Alla Costituente braccio di ferro sul mantenimento del segreto bancario. Zerbi parla contro, ma il segreto resta (183 contro 159).

Consiglio dei Ministri: Merzagora vorrebbe che le grandi aziende meccaniche sia private (FIAT) sia pubbliche fossero esentate dalla Patrimoniale. Non trova consensi.

Sforza fa riferimento all'«estrema deferenza» verso l'Italia riscontrata a Parigi. Purtroppo i cecoslovacchi, ricevuti gli ordini, si sono ritirati.

È vero che la Russia bloccherà il nostro ingresso nell'ONU? Il Presidente pensa che non si assumerà questa responsabilità. Se così fosse dovremmo attendere non si sa quanto. Purtroppo contro l'ingresso sono uomini come Sturzo, Nitti e Orlando. Non li comprende.

Sforza ha assicurato che la Lega Araba e gli Stati americani ci appoggiano.

18 luglio

Ancora Consiglio (dalle otto alle quindici). Si parla di tutto, compresa la destinazione dei sessanta milioni di utili della Lotteria di Merano. Segni caldeggia l'UNIRE.

Approvati i bilanci preventivi per il 1947-48. Qualche protesta e molti sospiri.

Rinviata la nomina del successore di Grassi all'Acquedotto Pugliese.

Monsignor Montini prega di appoggiare la loro richiesta di aumento dei Fondi di Assistenza all'Infanzia. Ma noi all'ONU non ci siamo. Forse potrebbero aiutarci loro (ma non con la Russia).

19 luglio

Il ministro Merlin ha celebrato il cinquantenario della scoperta di Marconi. Nessuna obiezione, anche se (borbotta Nenni) è stato Presidente dell'Accademia fascista. Terracini si è associato al ministro.

Gonella ha rintuzzato una manovra delle sinistre contro l'elettività del Consiglio Superiore della Pubblica Istruzione.

Da Frosinone mi chiedono sostegni per una grande (?) gara ciclistica indetta per il 5 agosto.

20 luglio

Impegnato discorso del Presidente a Trento (Congresso provinciale DC). «Chiedo oggi la stessa libertà per la quale ho combattuto, la stessa democrazia per cui ieri ho sofferto.» Ha parlato anche di «gradualità nelle riforme».

Testo integrale dopodomani sul «Popolo».

In San Pietro un'altra solenne canonizzazione: il beato Luigi Maria Grignion da Monfort, fondatore dei Monfortani e delle Figlie della Sapienza. Imponente pellegrinaggio di francesi, anche qualificati. Il Papa ha parlato anche oggi in latino, ma dopodomani (informa l'ambasciatore) parlerà loro in francese. Ancora più numerosi saranno per la santificazione di Caterina Labouré, la suora vincenziana che ideò la Medaglia Miracolosa.

22 luglio

Commento del Presidente agli scontri con gli olandesi in Indonesia. È finito il colonialismo? E fa a voce bassa riflessioni sui nostri problemi in materia.

Arrivato il sottosegretario Clayton. Dunn dice che, a parte l'incarico, è persona che conta.

23 luglio

Alta tensione a Montecitorio. Orlando tenta di far rinviare il dibattito sulla ratifica del Trattato. La motivazione è strana: siamo a fine luglio e dovremmo essere già in ferie. Parliamone *dopo.* Giannini si è alzato per aderire. Il Presidente si è invece opposto, pur trattandosi di un «amaro calice» per il governo. Togliatti, Nenni e Selvaggi sono della tesi opposta. Gronchi difende bene il governo. Votazione: 204 a favore di Orlando e 232 contro. Si va avanti.

Terroristi ebrei affondano a Haifa una nave inglese. Altri atti di violenza sul terreno laggiù.

24 luglio

Dibattito sul Trattato. Contro la ratifica parla Croce.

Renato Morelli era venuto a spiegare a De Gasperi che non si trattava di ostilità al governo.

25 luglio

Quattro anni fa cadeva il fascismo. Oggi siamo qui a scontare le sue colpe. Ha parlato «con il cuore in mano» (la frase è del Presidente) il deputato triestino Pecorari.

Velio Spano ha parlato degli italiani di Tunisia.

26 luglio

«Autorizzato» ho scritto un fondo per il «Popolo»: *Epurazione: scontenti tutti.* In effetti vi è stata l'impressione di un indirizzo persecutorio mettendosi sotto tiro centinaia di migliaia di italiani. Così, veri colpevoli di soprusi se la sono scampata, mentre tanti galantuomini messi senza motivo alla gogna attendono giustizia amministrativa. Non a caso Togliatti nel campo *penale* ha amnistiato tutti, salvo i casi di *efferate* sevizie.

Scelba e Morelli (CGIL) hanno parlato ai democristiani romani sulle condizioni per la ricostruzione. Il pragmatismo non vale.

De Gasperi ha inviato condoglianze al Presidente Truman per la morte della madre, novantaquattrenne.

27 luglio

Folla enorme – per metà francesi – alla santificazione di Caterina Labouré. Il cardinal Salotti e il cardinal Suhard hanno improvvisato alla fine una conferenza stampa. Ai giornalisti è stata distribuita anche la lettera del Papa per la Settimana Sociale dei cattolici francesi che inizia domani.

29 luglio

Duro discorso di Togliatti contro le «lusinghe del Piano Marshall». Comunque, dice che il Trattato di Pace, se non ci fossero stati i partigiani, sarebbe stato peggiore.

30 luglio

Molta attività in vista del voto sulla ratifica. Sentite anche le Associazioni Combattenti e Mutilati. In aula, respinte le dimissioni dell'onorevole Conti (un gran galantuomo), è continuato il dibattito.

Orlando è andato fuori pista parlando di *cupidigia*

di servilità. Poi si è pentito, ma è grave. De Gasperi ha reagito in tono durissimo. Orlando il 18 novembre andrà alle nozze reali e dice che subito dopo sarà un «ex». Non è chiaro.

Devastata dallo scoppio di una nave la città di Brest. Condoglianze del Presidente all'ambasciatore.

31 luglio

Votata la ratifica dopo momenti emozionanti. Sforza e il Presidente sono stati bravissimi. Anche Gronchi. Dalle tribune un lancio di manifestini contro la ratifica non ha certo favorito l'opposizione.

Il passaggio agli articoli è stato proposto con un documento Nitti-Ruini. Non meritavamo *questa* pace noi italiani, ma...

Il voto finale: 262 a favore, 68 contro e 80 astenuti (o.d.g. Perassi).

Terracini ha dato ai deputati l'arrivederci al 9 settembre.

1° agosto

Consiglio. Grande soddisfazione per il voto sulla ratifica. Il Presidente si lamenta per l'o.d.g. di questa seduta consiliare, troppo carico. Possibile che ci voglia una delibera collegiale per mettere fuori ruolo tre consiglieri di Stato (Carbone, capogabinetto di Einaudi, Bolaffi, direttore generale al Tesoro, e Caravale, capogabinetto alle Finanze)? Ritiene poi assurdo che si nomini ancora un capogabinetto al Ministero dell'Africa Italiana. Ha ragione. E che dire dello schema organizzativo della Scuola di orologeria?

Segue anche senza entusiasmo le dispute – anche se importanti – sul cambio dollaro-lira (Del Vecchio propone 350; Merzagora 400; Fanfani contro il sostanziale premio agli esportatori; tutti contro il rialzo dei prezzi del carbone e del petrolio). Togni si è astenuto dal voto.

L'onorevole Italo Giulio Caiati va a presiedere l'Acquedotto pugliese; l'ingegner Mario Rubino quello siciliano.

Molti movimenti militari: promozioni, cancellazione dai ruoli e revoca di cancellazione.

Sull'affitto dei fondi rustici mare mosso. Einaudi è contrario. Due ministri pur dichiarandosi proprietari di terre (Merlin e Togni) sono favorevoli.

Per venti giorni libertà e vacanze. Ma per formalizzare tutte le decisioni di oggi, altro che vacanze.

Del resto il Presidente sarà via solo per pochi giorni e in due rate. Domattina andrà da De Nicola (anche lui in partenza) per la firma della ratifica.

2 agosto

Marshall ha inviato un messaggio di felicitazioni per la ratifica. Dunn non esclude che l'Italia possa avere in *amministrazione fiduciaria* le colonie.

Il Presidente è andato a Sella. Cercheremo di lasciarlo in pace.

Quando stava per partire è venuta una delegazione dell'Aiuto Cristiano, esultante per il successo – dicono loro – delle vendite a prezzo ridotto fatte ai loro assistiti dai negozi di Francesco Zingone. L'ha liquidata dicendo che ne avrebbe parlato alla signora Francesca.

Primo messaggio dalla montagna: inviare i suoi rallegramenti a don Licinio Refice per i successi musicali in America. Sono un po' sorpreso.

Vuole anche una relazione dagli Esteri su quello che accadrà realmente in India. Davvero l'Inghilterra smobilita?

4 agosto

Campilli da Parigi fa avvertire il Presidente che si sta occupando con buone prospettive del problema delle emigrazioni. Informa anche che deputati MRP hanno preso l'iniziativa di un Gruppo parlamentare di amicizia franco-italiana. L'hanno invitato a Palazzo Borbone e vi erano molti onorevoli anche di altri partiti.

È stato anche alla chiusura della Settimana dei Cattolici. Erano presenti Bidault e molti ministri.

5 agosto

Il Presidente era stato ottimista nel credere che la Russia non avrebbe bloccato il nostro ingresso nell'ONU. Nel Consiglio di Sicurezza Stati Uniti, Brasile e altri ci aiutano, ma Tarchiani non vede ravvedimenti in vista da parte dei sovietici. Avvertiamo il Presidente? Aspettiamo che la decisione sia avvenuta.

Il Vaticano insiste sugli interessi dei cattolici in Terra Santa. In proposito diocesi americane hanno inviato un memoriale all'ONU. L'«Osservatore» ha iniziato una campagna.

6 agosto

L'onorevole Orlando annuncia il ritiro dalla vita politica attiva, escludendo che questo sia dovuto agli incidenti (sulla *cupidigia di servilità*). Sembra che nelle elezioni del prossimo anno sia ormai impossibile prevedere formazioni congiunte di grandi ex. Meglio da parte sua dirlo fin d'ora. È fuori Roma e non posso approfondire. Paratore mi dice che sarà trovata una formula per non perdere la presenza in Parlamento di questi «punti fermi» (lui compreso).

7 agosto

Il Presidente si è rallegrato pubblicamente con Flaminio Piccoli per la difesa da lui fatta alla sua frase «un trentino prestato all'Italia». In verità non era felice.

Attivo scambio di note tra Sella e il ministro Sforza.

8 agosto

Canali (in vacanza a Londra) telefona impressionato dalla tensione politica. Il governo ha chiesto i pieni poteri. Churchill violentissimo con il governo dei socialisti. Gli inglesi starebbero secondo lui peggio degli anni della guerra. Attlee risponde che la gente deve mangiare di meno e lavorare di più.

Il governo inglese ha limitato l'importazione di film americani. Canali dice di far studiare l'argomento.

Un appunto riservato di autorevoli professori di fisica (la Scuola di Fermi) prega di non sottovalutare i problemi atomici. De Gasperi dice di mandarne copia a Sforza e a Gonella.

9 agosto

Il ministro Cingolani reagisce aspramente ad attacchi comunisti su presunto favoritismo nell'acquisto di aerei Savoia Marchetti. Tra l'altro a denunciare i rischi di disoccupazione nella SIAI di Sesto Calende erano state l'anno scorso anche le sinistre.

Funerali dell'onorevole Diego D'Amico, commissario aggiunto alla Sanità. Ho rappresentato il Presidente.

Con un comunicato ufficiale il ministro Pella reagisce alla falsa notizia di un suo intervento per liquidare le pendenze dei lanieri di Biella (Profitti di regime).

Questo metodo di lotta politica è davvero sconcertante. Ma forse anche i nostri «Padri» facevano così (De Gasperi ha accennato qualche volta alle squallide polemiche tra Francesco Crispi e il grande Giolitti).

10 agosto

Mattina con i funzionari di via Veneto per capirne di più. Sono settori di grande delicatezza e molto costosi. Ma specialmente la musica è per l'Italia materia prima.

Una signora americana di Indianapolis vuole una

firma autografa del Presidente per ricamarla su un tappeto. Da noi non accade.

11 agosto

Alcuni senatori dichiarati decaduti hanno scritto al Presidente. Vuole un rapporto. Il Presidente dell'Alta Corte di Giustizia è fuori, ma De Mitri mi dice che *tutto è in regola.* Ambrosini dubita della validità costituzionale di questa decapitazione. Ma nessuno penserà – spero – di riunire il Senato.

Ramadier ha schivato il siluro dei comunisti, mercé l'aiuto del MRP.

Il senatore Henry Cabot Lodge, che è stato in udienza dal Papa, vedrebbe volentieri il Presidente.

12 agosto

Messaggio autografo del Presidente per gli ottanta anni di Umberto Giordano. Fatto consegnare personalmente dal Prefetto di Torino.

Il governo inglese ha avuto i poteri speciali.

De Gasperi dice di far preparare un messaggio per i centocinquant'anni dalla nascita di Rosmini. Pregherò Gonella.

13 agosto

Il Presidente è andato a parlare nella sua Pieve Tesino. È andato anche a Predazzo. Sono luoghi che ama molto.

Mino Cingolani al telefono: «Si è comosso e ha parlato tanto di *concordia*».

L'«Avanti!» mi dedica un corsivo chiamandomi *alter ego*, con commenti strani a una mia dichiarazione fiduciosa nel senso di responsabilità della CGIL.

14 agosto

Campilli è venuto per una riunione agli Esteri. Tornerà subito a Parigi. Oggi hanno esaminato progetti di Unioni Doganali e di risorse energetiche.

Di Vittorio ha cercato il Presidente. Gli ho domandato se è urgente. No. Vorrebbe vederlo prima del Consiglio dei Ministri. Ha scherzato sulla mia presenza a Roma: «Le vacanze sono un diritto».

15 agosto

Roma semideserta. Silenzio anche da Mino.

18 agosto

Telefonano da Trieste. Il Tribunale Militare ha condannato due funzionari responsabili di corruzione. Sono ufficiali *inglesi*, che avrebbero preso mance (?) per dieci milioni di lire.

Ho visto Cappa. È molto contento della Marina Mercantile e mi chiede come me la cavo «in questa bolgia».

19 agosto

Rientrato il Presidente. Ritiene troppo carico l'o.d.g. del Consiglio. Contento invece della relazione che gli ha fatto Campilli, che tornerà subito a Parigi. L'idea di Unione Doganale europea troverebbe buona accoglienza.

Il Capo della Polizia gli ha portato l'aggiornamento delle armi rastrellate. Operazioni efficaci, ma – chiede – quante armi ci sono ancora?

20 agosto

Dopo aver ricevuto Dunn il Presidente dice che gli americani «ci aiutano davvero».

Consulto di ministri per domani.

21 agosto

Consiglio. Assente solo Cingolani.

Quattro ore dedicate a concreti problemi economici. La notizia che la Francia riduce la razione di pane spinge a trovare soluzioni efficaci.

A domani.

Purtroppo da New York è giunta la notizia dolorosamente prevista, dopo un ottimismo iniziale. La Russia ha posto il veto al nostro ingresso nell'ONU (astenuta la Polonia e tutti gli altri favorevoli).

Polemizziamo con i comunisti? Meglio non farlo. Tra l'altro occorre lavorare per convincere Mosca, e le polemiche non servono.

22 agosto

Riprende il Consiglio.

Relazione di Einaudi. Le *entrate* vanno bene, ma le *uscite* sforano il tollerabile. Si parla poi di un credito di cento milioni di dollari.

Merzagora propone che la FIAT ceda allo Stato il prestito avuto dalla Import-Export Bank (mi sono fatto spiegare, alla fine, per verbalizzare bene).

Tra le nomine, promosso Presidente di sezione al Consiglio di Stato Leonardo Severi. Fu ministro della Pubblica Istruzione con Badoglio e ricevette con calore noi della FUCI. Gli telefono per rallegrarmi. Risponde: «Era un atto dovuto».

Tutti hanno fretta di ripartire. Il Presidente mi dice con affetto che in settembre mi *obbligherà* a fare vacanze. Domani farà un appello alla Nazione.

23 agosto

Forte appello del Presidente alla Radio. I problemi sono gravi, ma possiamo e dobbiamo farcela.

La conferma che il capo dell'opposizione bulgara Nikola Petkov è stato condannato al patibolo suscita forte emozione.

La Costituente è in vacanza, ma tra i pochi presenti nel Transatlantico, compresi due comunisti, c'era stamattina costernazione.

25 agosto

A Venezia è andata bene. Il Presidente si era assicurato che al Festival venisse Livia (!) e mi aveva raccomandato di non esser frivolo. Sabato sera prima della cerimonia inaugurale una piccola folla ha fischiato. Comunque nulla di simile al mancato discorso del Presidente. Anzi, la Camera del lavoro mi ha reso pubblico omaggio.

Ieri ho visitato la Biennale, la Mostra della tecnica cinematografica e il Tempio Votivo (con la tomba di Nazario Sauro). Ho conosciuto Cocteau ed Elsa Merlini. Alla FUCI non mi accadeva.

26 agosto

Dalla Segreteria di Stato apprendo la notizia dell'aggressione a monsignor Ukmar, delegato dal vescovo di Trieste a impartire le cresime nella Zona B dell'Istria. È grave. Il parroco, don Bulesic, è stato decapitato.

Il Presidente è rientrato a Roma. Si sofferma con Canali ad analizzare il manifesto che De Gaulle ha lanciato per l'anniversario della liberazione. Dice che per fortuna da noi i generali non fanno politica.

27 agosto

Viene al Viminale il nuovo rappresentante della Jugoslavia Mladen Ivekovic. Ha detto al Presidente di aver ricevuto istruzioni «molto positive». Nessun accenno al fattaccio della Zona B.

L'Assemblea Regionale ha scelto i giudici per l'Alta Corte: primo eletto è don Sturzo con 55 voti (uno più di Orlando). Il Presidente non mi sembra contento.

A Venezia il primo film italiano. È di Lattuada con un difficile soggetto dannunziano (*Giovanni Episcopo*).

28 agosto

Il Presidente sottolinea l'importanza della restituzione all'Italia delle opere d'arte portate via da Göring. Gonella è andato a festeggiare alla stazione Termini.

Myron Taylor ha portato al Papa un caldo messaggio del Presidente Truman. Sarà pubblicato.

29 agosto

La Russia ratifica il Trattato. Se era questa la difficoltà dovrebbe ora recedere dal veto per l'ONU. A Palazzo Chigi lo sperano.

Da Palermo l'annuncio dell'arresto di altri responsabili di Portella della Ginestra e di aggressioni alle sedi comuniste della provincia. Complimenti a Scelba, che ribadisce i moventi terroristici e non politici della banda.

30 agosto

Mia relazione sull'*epurazione* a un comitato interministeriale (l'ha presieduto De Gasperi). Lunedì se ne occuperà il Consiglio. Problema: chi ha avuto incarichi sotto il fascismo deve essere ostracizzato? Il tema è stato affrontato in polemica con i socialisti per difendere la professionalità del professor Manlio Toppi, ex marcia su Roma e consigliere nazionale. È un uomo che tecnicamente vale e sarebbe errato non utilizzare il suo servizio allo Stato (specificamente nell'Istituto Nazionale di Statistica), dove era stato riammesso come dirigente, togliendolo dall'epurazione.

Congratulazioni del Presidente a don Ricaldone, rieletto Rettore Maggiore dei Salesiani.

31 agosto

Scelba dice che il rilievo internazionale per l'operazione della polizia in Sicilia è notevole. Ma lui non è contento. Giuliano è ancora uccel di bosco.

1° settembre

Inizia nel pomeriggio la tre giorni di Consiglio. Mancano Del Vecchio e Togni. Interviene l'Alto Commissario dell'Alimentazione Ronchi.

Approfondito dibattito sulla ratifica del Trattato che ora si può formalizzare.

Contrasti su anticipazioni agli enti di consumo, proposte dal sottosegretario al Tesoro Petrilli venuto (eccezionalmente) a sostituire il ministro del Tesoro.

Poi tanti movimenti di personale.

2 settembre

Ripresa del Consiglio. È assente anche Scelba, oltre a Togni e Del Vecchio. Per quest'ultimo si... tollera ancora la delega al sottosegretario Petrilli.

Segni fa approvare l'abolizione dell'ammasso totale dei cereali, passando ai contingenti (in tutto diciasette milioni di quintali di grano, tre e mezzo di granoturco e cinque di risone).

Accettate le proposte di Fanfani per l'occupazione in agricoltura. Parla anche di misure per gli *occupati negligenti.*

Interruzione alle quattordici e ripresa alle diciassette.

Baldi è venuto a raccontarmi il successo della Settimana di Camaldoli. Nostalgia.

Tupini propone la costruzione di cimiteri per i Caduti Alleati. Il numero è impressionante.

Un curioso dibattito sull'elevazione dei limiti di età per i professori universitari. È giusto, ma vi sono contrasti di interessi perché molti ministri ne beneficerebbero. La patata calda passerà alla Costituente. Comunque Grassi non vuole che si estenda ai magistrati.

Bocciata per dura opposizione di Einaudi («sarebbe uno scandalo») la proposta di Cappa di sussidi per costruzione e riparazione di navi.

Sollecitate, per quanto possibile, le liquidazioni delle pensioni di guerra (pendenti trecentomila pratiche).

Poco prima delle undici ci si è aggiornati a domani. Cappa è violaceo.

3 settembre

Tutti i ministri presenti. Cominciato quasi alle venti per le necessità di approfondire gli effetti dell'annuncio inglese che limita la convertibilità della sterlina. Merzagora dice che abbiamo in cassa tredici milioni di dollari e impegni già presi – tra grano, carbone, petrolio e fosfati – per ventotto milioni. Di sterline ne abbiamo trenta milioni, di cui dieci bloccati dal Trattato di Pace. Atmosfera pesante. Senza urgenti aiuti americani andiamo a picco. Merzagora cercherà aperture di credito da banche svizzere.

Il mio schema sull'alleggerimento dell'epurazione, presentato del Presidente, incontra difficoltà da Sforza e da Fanfani. Rinvio.

Molti provvedimenti approvati e molti rinviati.

A dopodomani.

4 settembre

Uccisi dai banditi a Palermo il Capo della Mobile e un commissario della Polizia. «Funerali di Stato» e grande commozione. È la reazione ai successi delle Forze Pubbliche.

Il PCI è in imbarazzo per iniziative troppo filotitine dei compagni di Trieste.

Iniziata l'attività del Consiglio Economico Nazionale. De Gasperi ha portato il saluto e ha apprezzato molto l'impostazione del ministro Vanoni.

Sui dispacci da Rio de Janeiro il Presidente dice: «Gli Stati americani hanno trovato un'intesa. Noi europei siamo così divisi...».

5 settembre

Consiglio. Assenti Merzagora e Togni.

Opinioni difformi sulle nomine «statali» per l'Alta Corte Siciliana. Le fa il governo o la Costituente? Rinvio a domani.

Provvedimenti per gli Enti Comunali di Consumo.

Il Nunzio Borgongini Duca è andato da Sforza per parlare dell'ondata comunista contro monsignor Santin e gli altri vescovi.

A Venezia un film su san Vincenzo de Paoli e la messa all'asta per beneficenza di una lettera del santo. Lo ha telefonato Galletto, bene impressionato.

6 settembre

Assenti al Consiglio Cappa, Merzagora e Tupini. Presente il Presidente Alessi. Contrasti sulla Corte Siciliana. Passa con contrasti una formula conciliativa di De Gasperi sui termini per le impugnazioni.

Sforza ha detto: «Tra dieci anni, o meno, la frenesia di autonomia sarà spenta nell'opinione pubblica siciliana».

Saranno decentrate in Sicilia proiezioni del Consiglio di Stato e della Corte dei Conti.

Einaudi ha fatto approvare un Fondo per l'Industria Meccanica. Scelba protesta per questi favori al Nord e Sforza richiama la priorità per il Mezzogiorno. Dopo più di sei ore grande stanchezza. Ma Scelba riesce a far approvare la ricostruzione di un comune dell'alessandrino: Gavazzana. Era urgente!

Pubblicata la risposta del Papa al messaggio di Truman.

Messa notturna a Caracalla per gli Uomini Cattolici. Il Presidente era commosso per la folla e per l'accoglienza ricevuta. Ha celebrato monsignor Urbani.

7 settembre

Era atteso il successo dell'adunata nazionale degli Uomini Cattolici ma non in queste dimensioni e con tanta spinta. Piazza San Pietro non li conteneva. Gonella, molti sottosegretari, deputati, e io stesso rappresentavamo i politici reduci dell'Azione Cattolica di «prima». Felicitazioni a Gedda. Il Papa era commosso quando ha detto che: «È l'ora della prova».

È il popolo di Dio.

Bellissimo l'omaggio al Milite Ignoto.

Meno solenne, ma anche il Congresso degli Insegnanti Medi Cattolici è andato bene. Lo ha detto Gonella al Presidente. In corso all'Angelicum una riunione dell'Unione Internazionale delle Leghe femminili.

A Lourdes (pellegrinaggio italiano) hanno pregato per il governo. Telefonata di monsignor Malchiodi.

10 settembre

L'ambasciatore britannico ha detto a Sforza che gli ebrei minacciano di bombardare Londra. Esagerazioni? Comunque gli inglesi starebbero cercando vie d'uscita.

Einaudi va stasera a Londra per la riunione dei governatori del Fondo Monetario Internazionale.

11 settembre

Riapre la Costituente. Cenni di incrociate speculazioni su voci americane di tentativi russi per una rivoluzione comunista nel Nord Italia. Ma le Agenzie diffondono un comunicato del Dipartimento di Stato che sgonfia la questione. Nenni spara contro il governo e vorrebbe un dibattito subito. Abbia pazienza. Attenda almeno il ritorno di Einaudi. Che non abbia fiducia lo sapevamo.

Stamattina Consiglio. Togni è malato e ne avrà per parecchio; per supplirlo è nominato sottosegretario all'Industria l'onorevole Cavalli, che già c'è stato con buoni risultati.

Delicata la questione della esecuzione delle condanne a morte (Casale e altri) perché i carabinieri si rifiutano. Tupini saggiamente trova la soluzione. Dato che la pena capitale è stata abolita queste sentenze *non* vanno eseguite.

Soldi lo Stato ne ha pochi. Ma come si fa a dire di no ad alcune richieste (la Quadriennale d'Arte, i gondolieri di Venezia eccetera). De Gasperi è perplesso.

Pubblicato il decreto di scomunica (firma cardinal Marmaggi) per gli *uomini violenti* responsabili dell'aggressione del 26 agosto a Lanischie.

Vedo che Ukmar non era vescovo, ma sacerdote incaricato dal vescovo Santin di amministrare le cresime.

12 settembre

Il Presidente è molto interessato all'incontro culturale di Gstaad e spera che vengano messaggi recepibili anche oltre le *élites.* Forse è esagerato chiamarlo Parlamento, ma parlare di Stati Uniti d'Europa può orientare i giovani. Fa chiedere a Riccardo Forte un rapporto dettagliato. Uno dei delegati italiani (Carlo Bassano) è morto lassù per sincope. Dell'Unione Interparlamentare farà parte l'onorevole Enzo Giacchero, un appassionato di Europa.

Alla Costituente si articolano le strutture del Parlamento. Il bicameralismo è sicuro, ma i modelli alternativi al progetto sono molti.

13 settembre

Fanfani è molto impegnato nel tentativo di accordo sui braccianti mentre è annunciato lo sciopero dei metalmeccanici.

Il Presidente è aggiornato da lui e lo incoraggia. Gli ha ricordato stamane le sue battaglie di giovane sindacalista nel Trentino. Ma la sua attenzione è per le vicende della Zona A. Dalla radio ha spiegato agli italiani le difficoltà del momento e le soluzioni governative.

Togni migliora.

15 settembre

È entrato in vigore il Trattato di Pace. Commento di De Gasperi: «Scende in quest'ora la notte su una delle giornate più tristi della nostra storia».

De Gasperi invia ai triestini un messaggio radio appassionato assicurando i *fratelli separati* che non sono soli. E ha parlato profeticamente della costruzione di un mondo senza guerre e senza dittature, ispirato dalla libertà e dalla giustizia.

Il «Territorio Libero» è un'infamia. A San Giusto vi è stata oggi una giornata di preghiera, ma in città anche incidenti, purtroppo con morti e feriti, mentre dell'arrivo dei francesi a Briga e Tenda nessuno parla. Trieste è un'altra cosa.

16 settembre

La Delegazione della Lega Nazionale di Trieste porta a De Nicola una protesta con 153.000 firme.

17 settembre

L'accordo per il raccolto del riso era maturo, ma credo che l'appello del Presidente sia stato determinante.

La sua attività è formidabile, ma specialmente la spinta spirituale.

Per i braccianti ancora tensione.

Da Bologna notizie della conclusione «molto partecipata» del Congresso Eucaristico Nazionale. Parlano di 100.000 persone. Il Papa era rappresentato dal cardinale Schuster.

18 settembre

Consiglio.

La delegazione di Parigi ha chiesto l'assenso del governo sulle conclusioni. Sforza lo caldeggia dicendo:

«Con il permesso di Togliatti, l'America è una grande democrazia e la proposta di un organismo comune di verifica dell'Accordo su piede di parità è molto importante». Delicata la questione delle manifestazioni per il 20 settembre. I comunisti cercano di metterci in difficoltà e stanno organizzando disordini. Comunque nessuno eccepisce sul discorso di Pacciardi a piazza Esedra e la polizia interverrà solo se necessario.

Riaffiora ancora il caso Pilotti. A novembre va a riposo il primo Presidente della Corte di Cassazione, Giuseppe Pagano, e il ministro Grassi vorrebbe sostituirli entrambi. De Gasperi mi guarda sorridendo ricordandosi della disponibilità da tempo espressa da Pilotti a un cambiamento.

Il Papa è andato a San Paolo per le celebrazioni del XIV centenario di san Benedetto. Il Presidente si è fatto rappresentare dal sottosegretario Petrilli.

Dibattito sugli ex gerarchi. Il socialista Schiavetti vorrebbe penalizzare tutti i segretari di comuni oltre i 10.000 abitanti. Perde: 146 a 162.

19 settembre

Consiglio. Questione della revisione dei prezzi nei contratti di opere pubbliche. Grassi dice che Sereni e Romita hanno appaltato molto di più dei fondi disponibili.

Fanfani è ottimista sulla questione braccianti, anche se siamo a una svolta che, se fallisse, potrebbe far esplodere tutto il comparto.

Espongo io la questione del concorso pronostici

per il momento concesso alla SISAL ma da affidarsi in prospettiva al CONI, come segno dell'autofinanziamento e dell'apoliticità del mondo sportivo.

Assente Einaudi, si rinvia e nel frattempo la SISAL continua.

Fanfani e Segni dicono che con i braccianti siamo a posto.

20 settembre

Il Presidente è arrivato prestissimo. Seguirà insieme a Scelba la situazione. Ha detto di aver pregato questa mattina anche per «quel poveretto di Pio IX». È la seconda volta che dice questo. Man mano arrivano notizie tranquillizzanti. Comizi nemmeno tanto affollati e atteggiamenti di calma.

Raccomandazione a Cingolani perché domani all'Adriano (manifestazione della DC) non accenda le polveri. Alla Costituente ho risposto a un'interrogazione (Di Fausto) confermando che a Monte Mario vi sarà il piccolo cimitero di guerra francese. Le preoccupazioni degli urbanisti vanno superate.

Del 20 settembre ha parlato solo il focoso ma simpatico Tonello, con toni forti, censurando il *maledetto potere temporale*, inneggiando al *libero pensiero*, assolvendo, o quasi, i Savoia e auspicando un'Italia sovranamente laica. È un galantuomo, che ci crede.

Don Pericle Felici nominato Uditore della Sacra Rota. A Segni si fa festa.

Morto monsignor Rossignani, Segretario del Papa. Da bambino ricevevo caramelle quando veniva in via dei Prefetti a trovare le nipoti.

Il capo della delegazione libanese all'ONU ha reso omaggio all'azione per la pace svolta da Pio XII.

21 settembre

Manifestazione grandiosa delle ACLI a Milano, con Giulio Pastore e il cardinale Schuster. Il fratello del Presidente gli ha telefonato molto impressionato.

22 settembre

Il Presidente, a Bari per la Fiera, ha raccolto una frase del saluto rivoltogli condividendo l'augurio che nel futuro possano essere qui, concordi, le espressioni dell'Oriente e dell'Occidente. Mino mi dice che sono state accoglienze entusiastiche.

Alla Costituente è stato commemorato Fiorello La Guardia.

A Bologna convegno nazionale molto *robusto* (la parola è del Prefetto) della Gioventù di Azione Cattolica. A Napoli la Settimana Sociale, per la quale occorre «molta attenzione ma senza confondere i campi rispettivi». Non mi è chiarissimo.

Nikola Petkov è stato «giustiziato» a Sofia. Grande impressione anche nella nostra sinistra.

23 settembre

Continua alla Città Universitaria il Congresso dei qualunquisti. Giannini, nonostante tutto, è un personaggio.

I partiti, anche quelli di governo o che appoggiano il governo, hanno qualche volta atteggiamenti quasi dissociati. Necessità tattiche? Al Presidente non piacciono.

25 settembre

Entreremo all'ONU? I polacchi che l'altra volta erano contro si sono espressi a favore. Ma vogliono che insieme all'Italia entrino Bulgaria, Romania e Ungheria. Lo stesso è l'atteggiamento dei sovietici. Ma poiché si sa che gli Stati Uniti non sono favorevoli a nuovi ingressi di Paesi dove non c'è libertà tutto svanirà.

Il Presidente ne soffre.

Ritiene esagerata la vistosa critica del «Popolo» al *sindaco rosso* di Pomezia. Non dobbiamo essere scandalisti.

26 settembre

Dibattito serrato alla Costituente. Togliatti, con carota e bastone, invoca la concentrazione di tutte le forze democratiche. Nenni chiassosamente confusionario ha parlato addirittura di accattonaggio italiano nel chiedere aiuti all'America. Sforza lo ha interrotto vigorosamente.

Il Parlamento argentino ha votato unanime un o.d.g. per l'ingresso dell'Italia nell'ONU.

L'Inghilterra dichiara di ritirarsi dalla Palestina. Che succederà?

Anche dall'India notizie di forte attivismo degli indipendentisti.

27 settembre

Discorso del Presidente alla Chiesa Nuova per il Congresso dei tecnici agricoli. Parla dell'antica tradizione contadina dei movimenti cattolici, anche nel Trentino.

Nel turno delle agitazioni entrano i bancari.

L'Alto Commissario Ronchi ha tenuto banco a Montecitorio, con dati alla mano e grande professionalità.

L'abate Ricciotti è venuto a parlare al Presidente dell'edizione americana, uscita ora, della sua *Vita di Cristo.*

Conclusa a Napoli la Settimana Sociale con relazioni di monsignor Luigi Civardi e di Vittorino Veronese. Presente il cardinal Ascalesi di cui si era notata l'assenza nella seduta iniziale. Il ministro Segni ha portato il saluto del governo.

28 settembre

Faccio un comizio elettorale in piazza Santa Maria in Trastevere. Abbastanza gente e nessun disturbo. Come voterà Roma?

29 settembre

Consiglio.

Tagliata la testa al toro, con un disegno di legge che sopprime il Senato. Sforza vorrebbe che si dicesse che gli ex senatori possono continuare a frequentare Palazzo Madama. Ma lo disporrà con ordine di servizio il commissario Della Torretta.

Inviato ambasciatore a Londra Tommaso Gallarati Scotti, grande reduce del modernismo italiano.

Moltissimi provvedimenti, approvati senza discussione o quasi. Gronchi ha parlato a Firenze sul sindacalismo *cristiano.*

30 settembre

L'«Osservatore» si occupa di *demografia in Europa* e divide in tre gruppi i Paesi: popolazione in calo (Francia e Inghilterra), stazionaria (Irlanda e Norvegia) e in salita (l'Italia è passata in trenta anni da quarantaquattro a quarantanove milioni e mezzo).

Ricordo l'imposta sui celibi.

1° ottobre

Sforza attribuisce molta importanza al rimpasto inglese; specialmente l'incarico economico a Sir Stafford Cripps.

Un discorso di Tito in polemica con USA e ONU. Rifiuta ogni responsabilità per gli eventi in Grecia.

Il Presidente Truman invece esorta gli americani a mangiare meno pane.

2 ottobre

Monsignor Francia scrive un articolo sull'Irlanda «terra felice». Il Rettore del Collegio Americano ha telefonato a me per rallegrarsi.

Il Presidente chiede un aggiornamento sulle vertenze (terre incolte, cantieri di Castellammare eccetera). È però contento dei dati avuti da Togni sulla ripresa industriale.

Riunione del Gruppo democristiano. Si avverte il nervosismo per le liste elettorali. Ma è presto. Ieri sera si era riunita la direzione e ha fissato il Congresso per il 15 novembre a Napoli.

Ancora un veto russo contro di noi all'ONU. De Gasperi si augura di vivere abbastanza per vederlo rimuovere.

3 ottobre

A Pisino si è concluso il processo contro un sacerdote ritenuto la causa dell'assassinio di don Bulesic e dell'aggressione a monsignor Ukmar. È il colmo. Nel tribunale istriano hanno lanciato insulti all'indirizzo di monsignor Santin. Sei anni a don Cek, parroco di Lanischie, un mese di reclusione a monsignor Ukmar e cinque mesi al suo feritore.

Sforza dice al Presidente che gli arabi sono molto reattivi alla spartizione della Palestina.

Piccioni difende il governo con un discorso molto vibrato. Dal 21 giugno (fiducia) sono passate poche settimane ed è quindi stolto parlare di inadempienze al programma. È stato particolarmente critico verso Nenni.

De Gasperi è andato a Palazzo Giustiniani. Domani concluderà il dibattito.

4 ottobre

A Londra inaugurata la Conferenza sulle colonie. Voci parallele parlano di indipendenza alla Libia per far accettare agli arabi la soluzione inglese per la Palestina. Canali fa la spola tra Viminale e Palazzo Chigi.

5 ottobre

Forte vittoria dei popolari cristiani per la Costituente della SAAR.

6 ottobre

Il sottosegretario Marazza risponde alla Costituente su un incidente ad Avellino ai danni del Partito Monarchico. De Mercurio lo accusa di minimizzazione, mentre Covelli si lamenta perché gli era stato «consigliato» di non parlare e sostiene che sia lecito gridare «Viva il Re». Il vicepresidente Conti dice che per aver gridato «Viva la Repubblica» fu condannato. Sullo interviene per lamentare che i camion che trasportavano il pubblico covelliano circolassero nonostante il divieto domenicale. Anche il comunista La Rocca deplora che il ministro Corbellini abbia autorizzato questo «nella terra di Francesco De Sanctis e di Pasquale Stanislao Mancini». La Rocca ha un linguaggio fiorito e provoca le reazioni anche del mite liberale Rubilli. A questo punto disputa corale per sostenere o negare che fascista e monarchico sia la stessa cosa.

Ero andato ad assistere per istruzioni del Presidente, ma che noia!

È seguita una disputa sui modi di vendita delle navi Liberty. Me ne torno al Viminale.

7 ottobre

L'Assemblea commemora in modo non convenzionale l'onorevole Modigliani.

Ripresa la discussione sul Senato della Repubblica. Nitti ripete i suoi dubbi sulla *base regionale* dell'elezione.

Comunque 294 contro 86, così si decide.

Il Presidente è andato a Reggio Emilia, dopo aver parlato al Congresso delle Cooperative. Ha letto e commentato una lettera di un operaio milanese che *vuole vivere* con la busta paga che riceve e non ce la fa. Purtroppo molti – troppi – non hanno nemmeno la busta paga. Occorre una grande convergenza di forze, mentre i comunisti ispirati da fuori remano in senso opposto.

Una frase nel resoconto colpisce: «Parlo come un padre di famiglia che in un momento di accoramento si rivolge ai suoi di casa».

Un nuovo arcivescovo a Gaeta: monsignor Lorenzo Gargiulo, Rettore del Regionale di Salerno.

8 ottobre

L'Assemblea va «curata». Passo la giornata a riconoscere se vi sia o meno urgenza per le interrogazioni. Sembra che l'urgenza non si debba mai negare. Ma devo comunque essere in aula per votare.

Contrasti sull'età minima per i senatori: quaranta anni ovvero trentacinque? Prevale la tesi contro il... giovanilismo della Commissione. Su un altro emendamento (categorie) l'aula si spacca in due: 180 a 180. C'è da pensare.

Quanto deve durare la Camera (quattro o cinque anni, come vuole Moro)? Durerà cinque anni e il Senato sei. Le elezioni saranno alla scadenza, salvo «che sia dichiarato lo stato di guerra». (Preghiere e scongiuri nell'aula.)

Il capo dei socialisti tedeschi Schumacher ha criticato duramente a San Francisco la creazione dell'Ufficio Internazionale comunista europeo. Lo sottolineo ai giornalisti.

Messaggio al Presidente da parte dei «Figli d'Italia» di New York. Si chiamano Logge, ma (spiegato da Canali) la Massoneria non c'entra.

9 ottobre

Consiglio dei Ministri. Nominato Consigliere di Stato il prefetto Miraglia: De Gasperi lo scelse due anni fa come capogabinetto con un criterio fantastico: era il primo nel ruolo dopo quelli per cui aveva ricevuto raccomandazioni.

Ricreati altri diciassette comuni. Importante invece il diritto ai condannati a morte di ricorrere in Cassazione, proposto da Grassi. Segni ha perplessità costituzionali.

Aiuti alle industrie, ma attenzione (Fanfani) alle collusioni tra operai e proprietari.

Ancora sulle scommesse e il giuoco di azzardo. La SISAL avrebbe fatto diminuire il volume del giuoco del lotto. Einaudi vorrebbe che si finanziasse il CONI ma si incamerasse la SISAL. Si soprassiede.

Una miriade di provvedimenti. Il Presidente scalpita.

Continuano approfondimenti e polemiche sull'organo intercomunista creato a Varsavia. Anche in casa socialista qualche voce preoccupata.

Gli Stati Uniti hanno rinunciato alla loro quota nella spartizione post-bellica della nostra Marina.

Mare sempre più mosso per la Palestina.

Arrivato il nuovo ambasciatore inglese Victor Mallet. Ha chiesto di vedere domani informalmente il Presidente.

10 ottobre

Paolo Rossi protesta perché a Pietralata è stato impedito un comizio socialdemocratico dell'onorevole Matteotti. Nel tafferuglio seguito vi sono stati alcuni contusi, ai quali nominativamente l'onorevole Rossi ha indirizzato un saluto, prendendosela anche con Togliatti (che avrebbe paragonato Scelba a Diocleziano) e citando san Fulgenzio che dinanzi ai «leoni ruggenti» avrebbe dichiarato di essere il «frumento del Signore» e che i denti delle fiere l'avrebbero macinato per fare «farina più pura e più bianca». Piccolo alterco tra Rossi e Laconi sull'anzianità nell'antifascismo; e si passa poi al dibattito costituzionale.

I parlamentari avranno un'indennità ma possono ricoprire altri incarichi? Lucifero e altri vorrebbero proibirlo, ma perdono 125 a 167.

A piazza Colonna vi sarebbero stati dimostranti «fascisti». Pajetta voleva che io andassi a vedere, ma nel frattempo è arrivato il Presidente che minimizza il fatto, pur deplorandolo. La Malfa, invece, lo enfatizza.

Mostra UNRRA Tessile ai Mercati Traianei. Nel giro fatto dopo il discorso del Presidente un intermezzo curioso. Un uomo gli ha detto: «Sono della Sardegna e non ero fascista; ma l'orbace non lo vendiamo più». Non gli è piaciuto.

Visita collettiva di ambasciatori latino-americani. Stanno progettando una difesa comune dal comunismo.

L'oro italiano portato via dai tedeschi e rinvenuto dagli Alleati ci sarà restituito.

11 ottobre

Orrore. Hanno assassinato un nostro giovane studente, volontario attacchino. Vado a San Giovanni a riconoscerlo. Gervasio Federici. Suo padre è notaio.

12 ottobre

Si vota. La DC romana ha curato bene la preparazione (anche dei seggi). Speriamo.

13 ottobre

Gronchi e tutto il nostro Gruppo denunciano l'uccisione del nostro giovane romano, Gervasio Federici. È stato accoltellato da comunisti mentre attaccava manifesti. Era un ragazzo d'oro.

Oggi girandola di interrogazioni su altri argomenti. È un po' strano questo metodo. Un'interrogazione di democristiani (De Martino, Giordani e Rodinò) chiede un'adeguata preparazione per ricevere i pellegrini dell'Anno Santo 1950. Assicuro, compresa la derequisizione degli alberghi tuttora occupati dagli Alleati. De Martino ringrazia e prevede che molti stranieri verranno, oltre che per pregare, anche per visitare le salme dei loro Caduti.

Attesa per i risultati elettorali di Roma.

Dai sondaggi emergono segnali positivi.

De Gasperi è andato alla Fiera di Padova. Prima di partire era stato a San Giovanni a visitare la salma del povero Federici. Ha rivolto un invito alla non violenza.

14 ottobre

Funerali di Gervasio Federici. Imponente folla.

Tonello aveva proposto di ritardare la seduta per dar modo a noi deputati che siamo andati ai funerali di essere presenti. Tutti d'accordo.

15 ottobre

Conferma del risultato elettorale. Salto in avanti rispetto all'anno scorso: eravamo 17 a 30 con il Blocco del Popolo, ora siamo pari (27 a 27).

Purtroppo il tutto nella cornice del lutto per la morte di Gervasio Federici.

Scelba interviene su due gravissimi fatti: l'uccisione di Federici e la devastazione della tipografia del «Corriere del Giorno» a Taranto.

Quest'ultimo episodio – deplorato dal ministro – è accaduto in occasione di uno sciopero generale indetto per protestare contro il «comizio romano» di piazza Colonna.

Su Federici, Scelba riferisce che una giovane donna vestita di rosso – Felicetta Graziani, borsara nera di piazza Vittorio – aveva istigato un gruppo di giovani di sinistra ad aggredirlo chiedendogli di inneggiare al comunismo. La risposta era stata «Morte al comunismo» ed è stato accoltellato. La donna – arrestata e rea confessa – avrebbe anche impedito immediati soccorsi alla vittima. La stessa ha indicato l'assassino – Alfredo Pozzi – anch'egli arrestato.

Gervasio Federici era stato un valoroso partigiano.

D'Onofrio (PCI), pur dicendo che il Blocco del Popolo non può rispondere di quello che fanno elementi sottoposti alla sua disciplina, ha detto che addebitare l'uccisione di Federici ai comunisti è stata una manovra elettorale. È seguita una penosa gazzarra.

16 ottobre

Il Ragioniere Generale dello Stato ha scritto una lettera di critica al governo. Il Presidente riferisce al Consiglio deplorandolo. Addio armonia.

Proposta di Sforza di far correre voce da New York che i biglietti di banca all'estero saranno stampigliati. Così tutti consegneranno i dollari (e dice che sono molti ad averne).

Poi la consueta carrellata di proposte. Alcune rinviate.

L'avvocato Antonio Iannotta Commissario all'INCIS.

Continua a Montecitorio la discussione sui referendum. Per quali materie sarà vietato?

La Commissione propone tre esclusioni: leggi tributarie, approvazione dei bilanci e ratifiche dei trattati internazionali.

Luigi Meda ha proposto l'aggiunta (nelle esclusioni) dell'amnistia. Il Gruppo comunista ha proposto, con le prime firme della onorevole Maria Maddalena Rossi e di Giolitti, di escludere le leggi elettorali.

Tutte le esclusioni sono approvate.

Uscite in America le memorie di Byrnes con il titolo *Parlando francamente.* Canali farà subito un estratto per il Presidente.

Sottolineato l'arrivo in Vaticano di un ambasciatore dell'Egitto.

17 ottobre

Riprende il Consiglio. Misure per qualificare professionalmente i lavoratori e aumentare l'occupazione.

Alla Costituente una Commissione speciale si occuperà della soppressione del Senato Regio.

La presiederà l'onorevole Ivanoe Bonomi.

Il Presidente ha visto, più volte negli ultimi giorni, monsignor Roberto Ronca.

20 ottobre

Rispondo a un'interrogazione dell'onorevole Morini sul Totocalcio assicurando che il CONI avrà comunque i finanziamenti necessari. Presenteremo presto una legge di riordino della SISAL.

Allo stesso onorevole Morini rispondo sul sanatorio di Sondalo e sulla lotta alla TBC. Faremo il possibile.

Altra interrogazione (Costa) riguarda il controllo della Corte dei Conti sugli atti dell'ANAS e del Provveditorato di Venezia. Difendo la Corte, ma l'interrogante è «per nulla soddisfatto». Pazienza.

Gonella risponde brillantemente al paradossale Calosso sui problemi della scuola.

Fanfani ha parlato al Congresso degli Artigiani Cattolici. Bene.

Commenti alle elezioni in Francia. Forti perdite dei socialisti del Primo ministro Ramadier e dei popolari del ministro degli Esteri, Bidault. Successo di De Gaulle che nel globale sorpassa i comunisti.

21 ottobre

L'Assemblea nega l'autorizzazione a procedere contro l'onorevole Tega accusato di vilipendio alla Magistratura. Efficace intervento di Bettiol. Si procederà invece contro tal Angelo De Giglio che ha vilipeso le Istituzioni Costituzionali.

Circa il testo della Costituzione si sta discutendo su chi deve dichiarare la guerra. Sarà il Parlamento. Ma se c'è un attacco improvviso – obietta Gasparotto – come si fa? Si parla anche delle amnistie e dei condoni.

22 ottobre

Delicato problema quello del metodo di elezione del Presidente della Repubblica. Tosato vorrebbe che se dopo tre scrutini non si raggiunge la maggioranza prescritta, l'elezione sia fatta direttamente dal popolo. Dominedò invece vorrebbe che sia direttamente il popolo, ma ritira l'emendamento. Tosato lo mantiene, a titolo personale, ma non ha successo.

Prevale il testo dei 75: «Il Presidente è eletto dall'Assemblea Nazionale».

Durata? Nitti propone quattro anni. Si arriva a sette.

23 ottobre

Consiglio. Tema delicato: la sorte delle Colonie. Sforza andrà a Londra invitato da Bevin, che vuole aiutarci. Anche il Canada è bene orientato. Merzagora raccomanda, sulla questione coloniale, una visione globale: sociale, economica e demografica.

Difficoltà nel tema dei prezzi: calano all'ingrosso, ma crescono al minuto. Ronchi (Alto Commissario) pensa di sostituire quote riso con quote pasta.

L'ex onorevole Pietro Romani va commissario al Turismo. L'onorevole Piero Malvestiti (partigiano della Val d'Ossola) nominato sottosegretario alle Finanze.

Nuovo Presidente della Cassazione: Andrea Ferrara (Pagano ha raggiunto i limiti di età).

Conferma del Presidente Rubino agli Acquedotti Siciliani e Premio di produzione ai ferrovieri.

Premi-ricompensa a chi aiuta a scoprire le infrazioni valutarie.

La lista è lunga. Alle 20.30 il Presidente rinvia a domani.

Sono andato a votare sulla partecipazione di tre delegati di ogni Regione all'elezione del Presidente della Repubblica. È passata con 223 contro 108. Riccardo Lombardi ha spezzato un'ultima lancia a favore del presidenzialismo. Ma sono rassegnati.

24 ottobre

Consiglio. Discussi gli aumenti agli statali e le indennità di carovita per i pensionati. Cifre piccole per i singoli, ma il carico per l'Erario non può andare oltre. Anzi bisogna rifletterci ancora per trovare la copertura. Rinvio anche del ripristino del prezzo economico del pane.

Nominato alle Belle Arti l'architetto Guglielmo de Angelis d'Ossat.

25 ottobre

Colloquio del Presidente con Piccioni. Troppe assenze alla Costituente. Forse i deputati si preoccupano che del loro lavoro qui la gente si interessa poco. E tra qualche mese alla resa dei conti varrà di più la presenza periferica che non la «diligenza romana». Piccioni farà un richiamo, anche ai segretari provinciali.

L'idea di creare un Consiglio Economico di consulenza del governo e del Parlamento a De Gasperi sembra buona. Gliene aveva parlato Corbino. In aula Di Vittorio appoggia il testo del nostro Clerici.

27 ottobre

Corsanego commemora il cardinale Carlo Salotti. Quattro anni fa ci fece un corso accelerato di oratoria politica. «Parlare e non leggere. Prepararsi a memoria la prima e l'ultima frase: per partire bene e per non smarrirsi alla conclusione.» Il Presidente Terracini aveva già inviato un messaggio di condoglianze. Il Presidente mi ha detto che durante il fascismo il telefono del cardinale era sotto controllo. Andrò al funerale.

Interrogazioni del lunedì. Pesenti e altri comunisti se la son presa con il «noto fascista» Giorgio Berlutti («Il Globo» e «Libreria del Littorio») chiamando in causa anche il professor Alfonso Linguiti. La risposta di Petrilli non li ha soddisfatti anche se riconoscono che da un punto di vista strettamente giuridico è giusta.

Polemiche sul gestore della riaperta casa da giuoco di San Remo. Preoccupanti invece le contrapposte polemiche sulla disoccupazione agricola in Puglia.

«La Repubblica» aveva pubblicato un attacco al professor Caronia dicendo che aveva vestito l'orbace. Querela fulminea. L'avvocato Paone a nome di Arrigo Iacchia ha ritrattato, con implicite scuse. Proprio Caronia a cui i fascisti levarono la cattedra...

28 ottobre

Dibattito in aula sulla soppressione del Senato. Controversie sul lasciare o no il permanente ferroviario. Il relatore Aldo Bozzi è per toglierlo. Ma bisogna pure far qualcosa per quelli che si opposero al regime fascista; lo chiede Umberto Nobile. Ma chi farà questa cernita? Il generale non insiste. 236 contro 69 togliamo tutti i privilegi, ma si vota un invito al governo a curarsi dei senatori non deferiti per la decadenza. Einaudi non era in aula.

Si pensa alla tutela contro il vilipendio delle istituzioni, compresa la Costituente (ma stiamo per concludere). La Conci mi ha detto: «Nessuno ha ricordato che sono venticinque anni dalla Marcia su Roma». Ci mancava pure questo.

29 ottobre

Chi non giura fedeltà alla Repubblica va a casa. Qualche obiezione la fa l'onorevole Perassi (che ricordo come splendido professore di diritto internazionale). Intreccio di noiose polemiche. L'onorevole Conti cita perfino il caso di un impiegato (Eugenio Rossi) licenziato a Reggio Emilia il 2 gennaio 1860; e parla delle persecuzioni inflitte da Giolitti a Ruggero Bonghi e di quelle contro Maffeo Pantaleoni dopo la disfatta di Adua. Che noia!

Si discute anche della mancata fede al giuramento. Più partecipato il dibattito sull'ineleggibilità degli ex gerarchi.

30 ottobre

La seduta di ieri a Montecitorio si è protratta fino alle tre di questa mattina. Nitti stamane in apertura di seduta ha protestato energicamente. È abituato ad alzarsi alle cinque del mattino, ma non può andare a letto alle tre. Nel merito delle discussioni di oggi ha detto che le Regioni saranno la rovina d'Italia.

Da Belgrado dove è ambasciatore, l'onorevole Enrico Martino ha inviato le dimissioni. Accettate.

Il solito Calosso va in orbita. Deplora che il fascismo abbia cambiato nome alla *gloriosa Castrogiovanni.*

Non frivole, invece, le interpellanze sui rischi di disoccupazione nelle industrie. Di Vittorio ha detto che i dirigenti dell'economia italiana sono reazionari e si ispirano al governo. De Gasperi lo rimbecca.

Fanfani ha replicato con puntiglio alle interpellanze. Il Presidente ha aggiunto – tra applausi e commenti – che se continuano le agitazioni e gli scioperi non si salva né l'Italia né la Repubblica.

Leggo con interesse il discorso del Papa per l'apertura dell'Anno della Rota. Se quel giorno De Gasperi non mi avesse arruolato nella politica, oggi mi starei occupando di diritto canonico.

1° novembre

Sforza ha telefonato al Presidente. Conferma della rinuncia inglese alla loro quota della nostra flotta. Fuori programma Sforza è stato ricevuto dal Re. È importante. Pastore invece gli telefona per dirgli che ha contrastato vivacemente Di Vittorio per le sue dichiarazioni violente.

Senatori USA in visita al Viminale.

3 novembre

Le comunali in Inghilterra sono andate bene per i conservatori. Churchill chiederebbe elezioni politiche (riferisce Canali).

4 novembre

Omaggio collegiale del governo al Milite Ignoto. Prima quello del Capo dello Stato (De Nicola in giacca, i ministri con il cappotto).

Prima del Consiglio De Gasperi ha telefonato a Orlando ricordando Vittorio Veneto (molto significativo).

Sforza riferisce sulla missione a Londra. È soddisfatto, ma sono stati giorni duri. Circa le navi da distruggere (20.000 quintali di rottami), voleva che nel comunicato si parlasse delle benemerenze della Marina Italiana durante la cobelligeranza, mentre Bevin proponeva: «Malgrado gli orribili danni provocati all'Inghilterra dalla Marina fascista». Cadute tutte e due le formule. Comunque vi è stata grande cordialità sia da Bevin che da Churchill e Eden.

Einaudi ha detto che gli inglesi mantengono gli impegni anche non scritti.

Sul problema della disciplina degli affitti vi sono idee discordanti. Grassi farà proposte precise.

Misure di prevenzione per l'allarme suscitato dal colera in Egitto.

Prezzo politico del pane: è possibile abolirlo? Einaudi dice che non bisogna avere paura, altrimenti saremo travolti.

A domani.

Morto padre Mario Barbera, brillante scrittore della Civiltà Cattolica.

5 novembre

Fumata bianca al Campidoglio. L'ingegner Salvatore Rebecchini è sindaco di Roma. D'Onofrio (comunista) e Giuseppe Romita (socialista) avevano dichiarato che il Blocco del Popolo rinunciava a candidature. È ora di chiudere la gestione commissariale. Mario Cingolati ha fatto la *laudatio* del candidato democristiano. Ai voti ne ha avuti 41 (quanto basta) contro i 35 di Selvaggi e gli altri dispersi.

Assessori sono i DC Andreoli, Bersani, Carrara, Cioccetti, Corsanego, De Dominicis, Francini, Giannelli e Libotte; il liberale Lupinacci e i qualunquisti Solimando e Monico.

Il Presidente De Nicola accolto bene a Firenze al Congresso Forense.

Consiglio. Tupini propone abolizione della nominatività dei titoli e creazione di una imposta (dieci per cento). Pella lo appoggia, Scelba è contro. Einaudi favorevole, ma non ora.

Provvedimenti per lavori pubblici e bonifiche.

Analisi (Togni) dell'andamento dei prezzi.

De Gasperi raccomanda ai ministri di dare poche interviste.

Riammesso in servizio agli Esteri Marcello del Drago.

6 novembre

L'ambasciatore Dunn ha parlato a Venezia degli aiuti. Vogliono soccorrere chi ha bisogno e non costruirsi un potere internazionale. A Washington il Congresso lo ha affermato chiaramente. Scelba spiega all'Assemblea perché sia giusto mantenere il confino di polizia, che ha però norme di applicazione molto rigorose. Bencivenga non è soddisfatto e dice che oggi siamo più o meno come la *dittatura che è andata via.*

7 novembre

Telegramma del Presidente a Stalin per la loro festa nazionale. L'accenno alla «Sua personale felicità» è nella minuta di Palazzo Chigi.

Dibattito alla Costituente sulla Magistratura. I giuristi sono molti e anche le idee, pur facendo tutti dichiarazioni di rispetto dell'autonomia e dell'indipendenza. Villabruna si è autodefinito un *modesto empirico*, e si è domandato quale uso sarà fatto domani nelle aule giudiziarie delle norme che stiamo elaborando. Suscita impressione dicendo che sarebbero giorni terribili quelli che vedessero entrare le donne in magistratura.

8 novembre

Siamo ammessi all'unanimità all'UNESCO. Discorso di ringraziamento del professor De Ruggiero, molto ben strutturato.

Le opere d'arte recuperate sono state esposte alla Farnesina, con una cerimonia: discorso di Gonella, alla presenza di De Nicola e del Governatore della zona inglese della Germania, generale Lucius Clay. Ha parlato anche Dunn.

Sempre sulla Giustizia, dotto discorso di Cappi e critica delle giurie popolari da parte di Bellavista, nonostante consentano ai loro avvocati *facili allori.*

9 novembre

Beatificazione in San Pietro della fondatrice delle Suore di Sant'Anna della Provvidenza, la francese Giovanna Delanoue.

10 novembre

Auguri a De Nicola che compie settanta anni. Riceve molti telegrammi ed è contento. Risponderà a tutti.

Pomeriggio di interrogazioni. Assicuro l'onorevole Nasi che con la sospensione del *Buonsenso* nulla ha a che fare il governo. In quanto alla pubblicità delle fonti di reddito dei giornali è un consiglio utile per i costituenti. Per il momento respingo la tesi di contropartite *mercantili* che sarebbero state date a Lauro per avere la simpatia dei suoi giornali. Il dibattito si è incattivito.

Devo anche rispondere a Sansone sul riordino dei Servizi statistici.

12 novembre

De Gasperi si interessa della preparazione del Congresso democristiano. Viene a parlargli il vicesegretario Ceschi. È andato poi al raduno dei Coltivatori Diretti, organizzazione in forte crescita. Lodi a Paolo Bonomi.

In macchina mi ha accennato al Congresso dei Cappellani delle carceri, dicendo che sa di persona cosa significhino. Riceverà una delegazione.

A Montecitorio continuano tesi e antitesi sulla Giustizia. Tutti si dichiarano estranei a ipotesi sospettose di *strapotere* dei giudici. Ma intanto le fanno.

13 novembre

Scelba ribatte con cipiglio all'ostilità dei comunisti nell'Assemblea. Detesta le camicie nere ma anche gli arditi del popolo.

Concluso il Congresso delle province nel Palazzo della Prefettura, presenti De Nicola, Orlando, Terracini e tante autorità. Il Presidente della provincia romana è un Finocchiaro Aprile, molto diverso dal fratello.

Franco Restivo dichiarato subentrato all'onorevole. D'Amico rinuncia perché l'Assessorato regionale lo assorbe interamente. Per il resto seduta calda, attorno a fattacci di mafia e di altra violenza. Scelba tiene testa agli interroganti, ma la tristezza per la morte del sindacalista Pipitone e per le altre vittime è di tutti.

14 novembre

Consiglio, con Alessi.

Sistemazione provvisoria dei rapporti finanziari con la Regione. De Gasperi vuole bene a Peppino Alessi ma dice che ora tratta come se fosse un Capo di Stato straniero.

Norme per aiutare l'Italia meridionale. Ho pregato Togni di proporre l'estensione all'ex circondario di Cassino, una zona che merita riparazioni (De Gasperi dice che nel Sud va anche fronteggiata l'«offensiva comunista di conquista»).

(Ripresa pomeridiana.) Beni italiani in Francia. Dare una quota agli italo-tunisini. Autorizzata la firma dell'accordo commerciale (Mattioli).

De Gasperi è addolorato per la morte del marchese Visconti Venosta. Era divenuto suo grande amico.

Scelba dice a De Gasperi che dobbiamo osservare con cura e preoccupazione le violenze in atto in Francia. Attenti alle imitazioni. A Marsiglia vi sarebbe addirittura lo stato di guerra.

In aula, due oratorie contrapposte: la spagnolismo di Porzio e il rigore scientifico di Moro.

Marazza risponde sui disordini di ieri a Napoli.

15 novembre

Aperto al San Carlo di Napoli il Congresso DC. Piccioni propone alla presidenza Aldisio. Applausi e buon discorso. Anche il sindaco Buonocore ha una calda accoglienza. Il clima è buono.

A Roma (mi hanno inviato i resoconti) Porzio ha

ripreso la parola per dire che oltre che dei giudici e degli imputati bisogna occuparsi delle vittime che spesso sono deluse dalla Giustizia.

16 novembre

Due oratorie opposte, ma entrambe efficacissime. Piccioni è lento, riflessivo, quasi stanco, ma ricco di argomenti e trasparente nella sua fede democristiana. Gronchi è brillante, pirotecnico, pieno di effetti, modulato accortamente nella voce. Siamo un grande partito. Anche Ceschi, con linguaggio tecnicamente asciutto, si è fatto ascoltare.

17 novembre

La *giornata di De Gasperi*, dopo un notevole discorso di Rapelli sui sindacati. Il Presidente ha trascinato la platea in un ragionato entusiasmo. Non aspiriamo a monopoli, vogliamo le collaborazioni, ma difendiamo la libertà, nostra e di tutti. Non è vero che con il governo sovietico siamo senza colloquio, però restiamo a occhi aperti perché qui hanno dei «corrispondenti» pericolosi.

18 novembre

Taviani analizza con freddezza genovese i diritti e le aspirazioni dei lavoratori. Diritti e *doveri*. Il discorso è piaciuto, anche per la sensibilità verso il Sud.

Siamo tutti presi dal Congresso ma a contatto con Roma. Il Papa ha parlato dei dispersi in Russia, invocando soluzioni umanitarie del problema. C'è stata anche una curiosità. La Radio Vaticana ha ospitato insieme Bartali e Coppi.

19 novembre

Applauditi Scelba e Pastore. Ha concluso Piccioni e si vota.

Il governo Ramadier si è dimesso.

20 novembre

A qualcuno non è piaciuto il discorso napoletano di Scelba e lo critica a Montecitorio. Scelba ribatte senza difficoltà. Ma per quel che sappiamo sono rose e fiori rispetto alla Francia.

Cronache rosa del solenne matrimonio reale di Londra. Alcuni nostri colleghi monarchici sospirano.

Lo spoglio delle votazioni al Congresso. Fra i tredici deputati del Consiglio Nazionale emergono De Gasperi, Piccioni e Restagno. Nei non deputati sono in testa Ceschi, Giorgio Tupini e Ravaioli. Ercole Marazza è segretario regionale del Lazio, il professor Francesco Santoro Passarelli lo è della Campania.

Ricevimento a Roma delle delegazioni estere.

A Montecitorio proposte varie per contrastare nostalgie attive dei monarchici. Il progetto è del governo. L'onorevole Scalfaro, definendosi «il più umile dei giuristi o, meglio, degli uomini che comunque hanno avuto a che fare con le leggi e con i codici», si ribella a titolo personale. Nitti ha invece criticato chi vuole addirittura cancellare le monarchie in tutto il mondo. Contrario alla legge Silvio Geuna.

Al voto (appello nominale) si registra la mancanza del numero legale. Io ero tra gli assenti, ma anche il Presidente.

21 novembre

Léon Blum non ce l'ha fatta in Francia. I nostri comunisti ne avevano già festeggiato la vittoria.

Pronostico favorevole per Schuman.

Votazioni sulla prevenzione da attività fasciste e monarchiche. Confusione tra emendamenti e subemendamenti, con spaccature nell'aula (154 a 168). Si riprenderà domani e il Gruppo mobilita anche me, che in questi giorni ero impegnato al Viminale.

22 novembre

Viene respinto l'emendamento Gullo: 171 contro 134. Voto finale del disegno di legge: 188 a 96.

Ma quanti assenti!

Volevo andare alla commemorazione del cardinale Salotti ma mi sconsigliano. Oratore è Egilberto Martire, uno dei deputati popolari che passò al fascismo (anche se poi si mise in dissenso anche con i fascisti). Per i vecchi popolari è cancellato.

24 novembre

Schuman ha varato un governo con i socialisti. Agli Esteri è Bidault (De Gasperi ha detto: «Speriamo che collaborino»). Ai Lavori Pubblici Pineau, Pflimlin all'Agricoltura, Coty alla Ricostruzione.

Alla nostra Costituente curioso inizio polemico sul ferimento di Garibaldi ad Aspromonte. L'onorevole Conti si scaglia contro i Savoia che odiavano Garibaldi e cita D'Azeglio e tanti autori. Poi accesi contrasti perché Covelli ha detto: «La *vostra* Repubblica» e «Il *vostro* Cavour». Finalmente si torna al lavoro.

25 novembre

A Londra iniziano a cucinare la Germania. Il verbo è di Canali e non piace a De Gasperi.

Il cardinale Suhard ha rivolto un appello agli scioperanti. Per muoversi l'arcivescovo di Parigi deve essere una situazione eccezionale.

Il Gruppo DC elegge al Consiglio Nazionale Spataro, Mattarella, Fuschini, Cassiani e Micheli.

Imposta Generale sull'entrata. Si classifica come *straordinaria* (ma – De Gasperi dubita – potrà terminare tra un anno?).

Aumentano sigarette e sigari. Preghiera – rinnovata e inutile – ai ministri di non affumicare la sala. Il monopolio manda in regalo ai ministri (anche io l'ho avuta) una razione mensile. È legittimo?

Movimento di Prefetti (Troilo a disposizione). Anticipazioni alle industrie per la ricostruzione. Einaudi teme che incassino i soldi e non ricostruiscano.

Concluso lo schema di accordo per i beni in Francia e l'indennizzo ai tunisini. Elogio formale ai Consiglieri di Stato Innocenti e Sorrentino e al diplomatico Coppini.

Preparazione delle elezioni a Gorizia e in Val d'Aosta. Chiusura con un movimento di magistrati.

26 novembre

Continua il Consiglio.

Fondi per la ricostruzione ferroviaria. I danni sono stati enormi; e, di più, molti impianti e mezzi erano già vecchi.

De Gasperi raccomanda ai *colleghi esperti* di concludere sulla questione dei cambi e di aiutare il freno ai rincari dei prezzi. Si può arrivare alla stabilità dei prezzi stessi?

Il Consiglio Nazionale democristiano rinomina De Gasperi presidente e Piccioni segretario politico della DC. Era scontato.

La Pro Deo inaugura solennemente la Facoltà di Giornalismo all'Ateneo Lateranense. L'ambasciatore Dunn mi ha chiesto che ne penso di padre Morlion. Perché?

27 novembre

Terzo giorno di Consiglio.

Scelba porta altre due ricostruzioni di autonomie comunali. Si può sapere quante saranno? De Gasperi è scettico e metterebbe un limite di tempo per richiederle.

Case popolari da costruirsi (e anche case per i giornalisti). La necessità c'è. I mezzi sono pochi.

Della partecipazione dei lavoratori alla gestione delle imprese se ne occupa la Costituente. Ma si istituisce anche una Commissione. Scelba ricorda Toniolo e le vecchie istanze dei popolari.

Delicata questione. Annullamento delle espulsioni di molti generali dell'Esercito, Marina e Aeronautica. Si approva. Il Nunzio è venuto ieri sera a parlare dell'ammiraglio Casardi e dei generali Cappa e Urbani («senza voler interferire»). Sono lieto per il generale Ingravalle, medico. Mi fece dare un anno di convalescenza. Ma non sono intervenuto.

Respinte invece alcune domande, tra cui quella del generale Favagrossa, che ebbe incarichi importanti.

Respinto anche il ricorso del professor Gioacchino Volpe, espulso dal governo Bonomi. Che sia un grande storico sembra indubbio. Ma usava oltre la penna l'incensiere (Sforza). Favorevole decisione per i professori Arturo Crocco e Giorgio Del Vecchio. Di quest'ultimo Gonella ha fatto un panegirico definendolo «Rettore antifascista». Io lo ricordo in orbace, ma dopo fu perseguitato.

Un voto a Montecitorio per lasciare all'ordinamento giudiziario il regolamento della Corte di Cassazione. L'emendamento Targetti è approvato con 211 voti a 96.

28 novembre

Mare agitato alla Prefettura di Milano. Troilo non se ne vuole andare (o forse Pajetta lo spinge a resistere).

Intanto alla Costituente si continua a parlare di magistratura e di Corte Costituzionale. Nitti ne profitta per dire che reputa inutile e dannosa una Corte Costituzionale. Fa poi lunghe scorribande cronistoriche, compresa la citazione della nomina da parte del Presidente Wilson di un giudice *ebreo* (la prima volta) alla Corte Suprema e la fatica da lui – Nitti – fatta a Versailles per convincere Lloyd Gorge a rinunciare a far deportare a Parigi l'Imperatore Guglielmo. Ha concluso invitando a smetterla con le proposte *strampalate.*

29 novembre

L'occupazione prefettizia di Troilo-Pajetta ha termine. Sembra che Togliatti al telefono li abbia ridicolizzati.

Avevo scritto una nota per prendere in giro il Congresso degli apicoltori, ricordando una sfilata di sacerdoti apicoltori nell'allora via dell'Impero con tanto di saluto romano. Ma ho saputo che li riceveva solennemente il Papa e rinuncio. Del resto, fanno un lavoro utile.

Mattinata di interrogazioni all'Assemblea. Ancora su Troilo e la Prefettura di Milano. Scelba non si lascia davvero intimidire.

Poi, buona domenica.

30 novembre

Morelli mi dice che Croce si dimette da Presidente dei liberali.

Graziosi è stato condannato a ventiquattro anni. Lo

reputo ingiusto. La lettera della moglie suicida è autografa e non potevano passarci sopra. Lo hanno fatto. Forse tra i giurati c'è qualche mio elettore dello scorso anno. Ma non mi importa. La madre è sconvolta. Che ne sarà di Andreina?

Un'Enciclica del Papa sulla liturgia (*Mediator Dei et hominum*).

1° dicembre

Corbellini ha visto il suo collega francese. Problemi tecnici, ma anche scambio di esperienze sull'attività dei sindacati di settore. Ha riferito al Presidente, preoccupato.

Al Congresso liberale applaudito Terracini e qualcuno ha protestato. De Gasperi è contento per il discorso di Carandini.

De Nicola ha inaugurato a Palazzo Venezia la Mostra della Resistenza. Presente Parri. Garbato lamento di Piccioni per le omissioni.

Pajetta voleva parlare in aula dei «fatti di Milano». Bloccato. Io ho risposto alla proposta (Costantini) di annullare i titoli nobiliari concessi nel Ventennio. Assicuro poi Canevari che verso la cooperazione il governo guarda con favore.

Sforza condivide i dubbi sulla spartizione della Palestina in due Stati. Un emissario della Lega Araba è andato da lui agitatissimo, ma Dunn invece è ottimista.

2 dicembre

Einaudi ha parlato al Congresso dicendosi onorato di collaborare con De Gasperi, di cui ha fatto commoventi elogi umani.

3 dicembre

La forma repubblicana dello Stato non sarà più modificabile. Hanno votato contro settanta deputati.

Inviata al Presidente in anteprima una nota ufficiosa sulla Palestina che uscirà sull'«Osservatore» (stasera?). Canali sottolinea una frase strana di collegamento tra interessamento americano per il Medio Oriente, ricchezze petrolifere e ricostruzione europea.

Non ho potuto contattare Montini (esercizi spirituali).

4 dicembre

Soddisfatto il Presidente dopo un colloquio con Saragat in casa sua. Ormai sono decisi a entrare.

Anche in ambito repubblicano segnali favorevoli (Pacciardi).

All'Assemblea continuano le discussioni sul progetto (Corte Costituzionale) ma non vi è precettazione e non vado. Per il bollettino serale per il Presidente bastano le notizie del Gruppo.

5 dicembre

De Gasperi censura «Il Popolo» perché ieri ha ironizzato sui pranzi e la inconcludenza della Conferenza di Londra. Non siamo ancora abituati ai problemi internazionali. Ed è grave.

Annuncio di sensibili riduzioni dei prezzi. Il Presidente brontola: «Lo chiederò a Francesca».

6 dicembre

Consiglio. Legge elettorale per il Senato. Contrasti tra proporzionalisti e altri. Einaudi dice che bisogna salvaguardare i senza partito, che sono il sessanta per cento. Si lascia una certa elasticità alla Costituente.

Emozione per la notizia che in Puglia c'è una radio clandestina straniera (nel campo dei 35.000 rifugiati).

Proroga della Costituente. Terracini vuole che la proposta parta dal governo.

Istituita nell'IRI una Società finanziaria meccanica, sigla Finmeccanica. Il coordinamento in materia è urgente. Perfezionato anche lo schema per industrializzare il Sud e per aiutare le imprese artigiane.

Pensione alle vedove di due eroi: Bruno Buozzi e Giuseppe Montezemolo. Un sussidio invece alla vedova di Achille Grandi.

Molti provvedimenti (e movimenti di personale) proposti da Sforza.

Merzagora fa istituire un «punto franco» a Venezia (compensa la perdita di Pola e Fiume).

Altro elenco di cancellazione dai ruoli (Esercito).

Era quasi mezzanotte. Gli ultimi provvedimenti sono passati rapidamente.

Scelba dice che i francesi hanno fermato sei deputati comunisti italiani che erano andati a «sobillare» a Nizza. Riserva di approfondimenti.

7 dicembre

Conferma dell'ingresso nel governo degli alleati esterni.

Fermento alla Costituente per i senatori di diritto nella I Legislatura. Ci chiamano per il voto. Il principio passa, ma con contrasti (189 contro 146). Circa i beneficiari le idee non convergono. Riflettere.

Paratore mi dice che De Nicola, che guidava la rivendicazione, si è sganciato.

8 dicembre

Segni comunica che la produzione di grano ha raggiunto quella «di Mussolini». E critica chi ironizza su quelle «battaglie».

Visita al Viminale del nuovo Presidente del Consiglio di Stato Ferdinando Rocco. De Gasperi è molto impressionato. Gli ha parlato di Ruini con grande rispetto. È un tipo umano (dice il Presidente) molto diverso e «essenziale».

Discorso di padre Gemelli nella Giornata per l'Università Cattolica. Ha parlato del Papa come giurista.

Manifestazione religiosa in piazza di Spagna (tradizione romana sentita) e premiazione annuale all'Apollinare.

9 dicembre

De Nicola è andato a Modena. Cerimonie militari e visita all'Università.

Notizie di duri scontri a Gerusalemme.

Manifesto della DC romana contro lo sciopero generale. I sindacalisti cristiani sono anche essi contro, mentre la sinistra lo sbandiera e lo eccita.

C'è un parallelismo con le agitazioni francesi. Occasionale?

Nella seduta di interrogazioni Tonello si scaglia contro gli agrari e contro i ladroni di Sicilia che fanno ammazzare i lavoratori nelle nostre campagne.

Paratore mi dice che sui senatori di diritto dovrebbe intervenire il Presidente De Gasperi.

10 dicembre

Polemiche pro e contro lo sciopero generale. Polemiche anche sulle cifre di aderenti.

Scena madre a Montecitorio. Spano è entrato in aula gridando che sulla piazza picchiavano deputati e cittadini. Tumulto e loro abbandono dell'aula.

L'ambasciatore Fouques Du Parc ha visto il Presidente che gli ha consegnato un messaggio per la riapertura dell'Istituto Francese di Napoli.

Era con lui il professor Grenier che gli ha parlato della collaborazione con l'Istituto di Archeologia Cristiana.

11 dicembre

«Il Popolo» esce in edizione straordinaria per annunciare che la Camera del lavoro ha revocato lo sciopero (definito *fallito*).

Elezione dei tre membri dell'Alta Corte Siciliana (Ferrara, Bracci e Ortona) e di un supplente (Filippo Vassalli).

12 dicembre

A mezzanotte lo sciopero è comunque cessato. Grande emozione per la notizia dalla Francia di espulsione dai ruoli dei dipendenti comunisti.

Emilio Celio eletto Presidente della Svizzera (turno 1948). Messaggio.

In aula Nitti si è espresso sui senatori di diritto per la prossima legislatura. Quindici che saldino il vecchio e il nuovo va bene, ma qui si vuole fare un Senato «numeroso, infermo e idropico».

13 dicembre

Parolacce volano a Montecitorio. Cianca ha chiamato il nostro Chieffi «collaboratore dei tedeschi». Reazione. Dice di aver lottato contro i tedeschi e se Cianca rinuncia all'immunità lo querelerà.

Per fatto regionale (sardo) si è intromesso Lussu. Chieffi gli dà del *burattinaio*, mentre Cianca sarebbe *imbecille*, anzi *grande* imbecille.

Non giova a rasserenare gli animi la richiesta di

Nenni di una Commissione d'Inchiesta per gli incidenti di piazza Colonna. Ai voti viene respinta con 216 contro 111.

14 dicembre

Monsignor Costantini viene a parlare della Cina (progetto di Costituzione). Il Presidente dice che il suo cuore è laggiù.

15 dicembre

Formalizzato il rimpasto: Pacciardi e Saragat sono vicepresidenti; ed entrano Cipriano Facchinetti alla Difesa, Ludovico D'Aragona al Lavoro e Roberto Tremelloni all'Industria.

Il Presidente ha telefonato a Cingolani e Merlin, «pecore sacrificali». Togni invece resta, come senza portafoglio, con vaghe attribuzioni di studi economici.

Morte improvvisa di Andrea Camera: caro amico dei Gruppi Giovanili e mio collaboratore qui. È terribile.

Cena da monsignor Barbieri (qui si riuniva il CLN clandestino).

16 dicembre

Aria di festa al Consiglio integrato. Si concordano le linee di presentazione all'Assemblea del rimpasto ministeriale. Saragat vorrebbe che si mettesse enfasi sulla democrazia fondata sulle quattro correnti (DC, la sua, PLI e PRI).

Cortese disputa tra Sforza e D'Aragona sull'*indipendenza* dell'Italia. Sforza dice che i vecchi modelli di *indipendenza* sono superati. Pacciardi è perplesso sul possibile intervento dei Paesi vincitori.

Elezioni: tra il 4 e l'11 aprile. No il 18. Lo stesso giorno per i due rami? Alcuni ministri non sono favorevoli. Si deciderà.

De Gasperi fa una comunicazione riservatissima e fuori verbale. Monsignor Montini gli ha fatto leggere una relazione terrificante sulle persecuzioni religiose che i sovietici stanno attuando nei Paesi «sudditi». Occorre dar vita da noi a fronti difensivi più efficaci. Il Papa in persona mobiliterà clero e Azione Cattolica. Nessuna preoccupazione devono avere i laici. Non solo si difendono anche protestanti ed ebrei ma la libertà di tutti.

Sforza dice che il Nunzio l'altro giorno gli ha accennato a questa «mobilitazione».

Nel pomeriggio dichiarazioni del Presidente alla Costituente. Molto duro. Togliatti appare imbarazzato.

17 dicembre

Cambio della guardia al Consiglio di Stato. Ruini è commosso. Nelle conversazioni ricordo Santi Romano. Sarà stato fascista, ma era uno splendido e paziente professore.

Il Papa ha ricevuto Rebecchini e la Giunta. Discorso augurale.

Acceso dibattito sul comune di Pescara. Spataro e

Scelba documentano i soprusi. La sinistra è battuta, nel voto, 140 a 246. Il Commissario Prefettizio è tranquillo.

18 dicembre

Funerale di Andrea.

Maria Badaloni comunica al Presidente il trionfo elettorale dei Maestri Cattolici.

Congresso nazionale dei giovani a Firenze. Nostalgia? No. Il lavoro di governo è pesante, ma fantastico.

Predisposto un piano natalizio per i disoccupati (pacchi dono e sussidio). I funzionari ci ricordano la Befana fascista, ma non può riesumarsi. Ascoltato invece da De Gasperi monsignor Baldelli con le idee sulle colonie estive. Vanno organizzate per tempo.

Togliatti ha perduto le staffe in Assemblea e si è scusato. Nitti è stato a metà tra carota e bastone. Critica il *numero* dei ministri. La sua presenza ai lavori è però esemplare.

De Gasperi ha inviato un caldo biglietto all'onorevole Burato, che ha parlato da autentico contadino veneto. Bene anche Paolo Bonomi.

19 dicembre

Notizie eccellenti da Firenze. Il dibattito è molto buono. Applauditi Cesarino Dall'Oglio e Franco Nobili.

Qui ottima conclusione del dibattito sul governo. Felice tono del Presidente e voto massiccio: 303 favorevoli e 115 contrari.

Importante Enciclica del Papa per una crociata di pubbliche preghiere «per la pacificazione delle classi sociali e dei popoli».

20 dicembre

Si vota la *prorogatio* dei lavori per un mese per completare le leggi elettorali del Senato e approvare gli Statuti regionali.

21 dicembre

Grande attesa per la seduta conclusiva di domani. Molti deputati sono rimasti a Roma; e a Montecitorio molta animazione.

Domenica lavorativa, del resto (ma dalle dieci per rispetto dei «praticanti»), per completare la legge elettorale della Camera. Un emendamento di Gaetano Martino è respinto 166 a 161. Materie opinabili. In una interruzione si cerca di avvicinare le posizioni. E ci si riesce abbastanza. Nella notte Ruini rivedrà tutto il testo della Costituzione (coordinamento).

22 dicembre

Commovente giornata conclusiva. La Pira ha mosso le acque proponendo di inserire una premessa con le parole *in nome di Dio.* Sorpresa, disagio, speranze. Calamandrei aiuta a trovare la via d'uscita. Un richiamo ai valori dello Spirito sarebbe stato giusto, ma è tardi. Togliatti ha invitato La Pira a non insistere evitando una delicatissima votazione. Ed è stato così. Anche se La Pira è stato lapidario: «La procedura taglia il passo anche a Dio». Processione per stringere la mano a Giorgio, a cominciare da Togliatti. A piccoli passi lo fa anche Nitti.

Pomeriggio storico. Si vota per appello nominale e sono emozionato quando tocca a me. Anche i contrari sono riguardosi. Quando Terracini annuncia i 403 voti favorevoli, applausi e qualche lagrima.

Ricorda anche i reiterati auspici per una amnistia. De Gasperi parla brevemente e con efficacia.

Conclude l'onorevole Orlando, che aveva presieduto l'anno scorso l'apertura dei lavori.

Sappiamo che ci si ritroverà ancora in gennaio ma la conclusione è stata oggi.

Andando al Viminale il Presidente commenta l'iniziativa di La Pira e mi chiede se era chiaro nel suo intervento sulla proposta di La Pira il riferimento allo Spirito Supremo. Certamente, e mi ha colpito anche il riferimento all'Europa e al mondo.

Dall'Oglio è stato rieletto Delegato Nazionale. Giusto.

Nuovi sottosegretari: Badini Confalonieri all'Industria, Cifaldi ai Danni di guerra, Rodinò alla Difesa, Perrone Capano all'Istruzione, Canevari ai Lavori Pubblici, Cartia all'Agricoltura, De Vita alle Poste, Magrini al Lavoro e Salerno alla Marina Mercantile.

23 dicembre

Consiglio.

Sono giunte proteste per la nomina dei nuovi sottosegretari ritenendosi dettata da motivi politici e non tecnici (nessuno dei precedenti è andato a casa). Si sorvola.

Varie idee per solennizzare il 1° gennaio l'entrata in vigore della Costituzione. I prefetti consegneranno una copia a tutti i sindaci.

Si discute di locazioni urbane. Grassi prega di non dimenticare che i proprietari sono quattro milioni. De Gasperi sussurra che gli inquilini sono di più. Einaudi vorrebbe lo sblocco e il calcolo *economico* dei fitti. O almeno che si dicesse che il blocco non sarà eterno.

Saragat parla di agitazioni per adeguare salari e fitti, ma non insiste. Ormai è al governo.

Urgente è la questione delle Sezioni Speciali delle Assise. Tre processi incombono: Graziani, Scorza e Borghese.

De Gasperi prega Einaudi di presiedere lui nel pomeriggio.

Consegna solenne della Costituzione a De Nicola. Dopo l'atto formale parla delle misure contro i comunisti adottate in Francia e anche in Inghilterra (notizie dell'espulsione dalle Trade Unions). Non apprezza queste «durezze». Terracini ovviamente consente.

Il Papa è ammalato. Annullata la rituale udienza dei cardinali per gli auguri. Ma minimizzano.

24 dicembre

In Vaticano (Tardini) molta preoccupazione per la Terra Santa. Il Papa oltre al messaggio natalizio radiofonico ha fatto inviare un messaggio personale al generale inglese sfuggito laggiù a un attentato.

Per due giorni qui tutto sarà calmo. Almeno si spera.

Le Ferrovie annunciano sconti di tariffe per le vacanze dell'estate prossima. Qualcuno ha ironizzato ricordando i «treni popolari» del Ventennio. Ma è sciocco.

26 dicembre

Dagli Esteri ci avvertono che è stato ucciso a Stoccolma l'ambasciatore d'Italia Bellardi Ricci. Lo comunico al Presidente, ma abbiamo solo la cruda informazione. Più tardi appreso che è stato un italiano pazzo, lasciato uscire dal manicomio con un permesso natalizio.

In serata il re Gustavo ha cercato di contattare De Nicola.

27 dicembre

Don Sturzo ha scritto un articolo di fuoco contro le quaranta volte nelle quali la Costituente ha votato a scrutinio segreto, che definisce «tra la mascalzonata aperta e il traffico mascherato». Non so se abbia ragione. Non mi pare.

Ma oggi tutta l'attenzione era verso Palazzo Giustiniani per la firma della Costituzione e la promulgazione.

Cerimonia semplice ma molto commovente. Controfirme di Terracini e De Gasperi. Solennissimo, dietro di loro, Francesco Cosentino. Mi considero un privilegiato per avervi assistito. Non lo dimenticherò certamente.

29 dicembre

Annunciata all'improvviso la morte ad Alessandria d'Egitto di Vittorio Emanuele III. È avvenuta ieri e i funerali avranno luogo in forma molto semplice e senza fiori. De Gasperi non lo amava. Anzi.

30 dicembre

Consiglio.
Problema degli optanti dell'Alto Adige. L'ho approfondito. Il Presidente mi dice che dovrò occuparmi io della questione. Qualche problema l'autonomia lo crea. Ma è stata una grande soluzione.

Ambasciatore a Washington va Alberto Tarchiani e alla Santa Sede Antonio Lupi di Soragna, che ha firmato il Trattato di Pace.

Ventimila ex combattenti entreranno nella Polizia. Tutti faranno servizio effettivo. I ministri si rassegnino a perdere lo *chauffeur*. Guideremo da noi? Io non lo so fare.

A Del Vecchio non piace l'Amministrazione della RAI. Ad altri l'idea del monopolio.

Riforma della Federconsorzi, sullo schema venuto da Montecitorio. Delicato è il problema del Governatore di Trieste: Sforza esclude un nord-europeo e vorrebbe uno svizzero. Comunque va concordato con gli jugoslavi. L'ONU sollecita l'indicazione.

Scelba è favorevole ad aiuti per la Valle d'Aosta, purché chiudano il Casinò di Saint Vincent. Einaudi invece vorrebbe che fosse il Casinò a finanziare il bilancio della Valle.

Idea di un manifesto agli italiani. Lo prepareranno domattina Saragat, Del Vecchio e Fanfani.

Purtroppo De Nicola non ha ancora dato il suo assenso per fissare ufficialmente al Quirinale la sede ufficiale del Presidente della Repubblica. Se fosse necessario si farà una seduta lampo domani o dopodomani.

Per il resto, a dopo l'Epifania.

Che vuol dire che la morte del re ha salvato il suo patrimonio? Lo ha spiegato Sorrentino al Presidente. I beni del re sono stati dalla Costituzione avocati allo Stato, ma entra in vigore *dopodomani* e il patrimonio da avocare è ora quello di Umberto II, cioè un quinto di quanto sarebbe accaduto senza questa morte improvvisa. Comunque così sia.

Fermo restando che questa volta non vi saranno altre proroghe; e che urge una buona legge elettorale, la riunione del Gruppo non è stata di congedo. Assomigliava all'ultimo giorno di scuola, ma gli esami sono ormai vicini.

Legittime attese di candidature. Non ho quaranta anni e sono quindi fuori dalle rose per il Senato. Gronchi, nel consuntivo, mi ha rivolto espressioni gentili ricordando l'anno di tempo pieno a Montecitorio. In verità dopo il 31 maggio non sempre.

Monsignor Montini è tornato ieri sera sulla necessità di una legge per la vera libertà di stampa. Si farà?

È convinto che nella difesa del buon costume si possano avere larghe convergenze.

31 dicembre

Di quante cose dobbiamo quest'anno ringraziare Dio! Anche del *Treno dell'Amicizia* solennemente salutato oggi sul Campidoglio.

Il Presidente è stato al Viminale fino a tarda sera. «Quest'anno è stato decisivo» mi ha detto uscendo «ma l'anno prossimo lo sarà ancor più.»

NOMI DI RIFERIMENTO

ACHESON, DEAN GOODERHAM, politico statunitense. Fu Segretario di Stato dal 1949 al 1952 e guidò la politica estera del Presidente W. Truman.

ADENAUER, KONRAD, Cancelliere della Repubblica Federale di Germania (1949-63), già sindaco di Colonia prima del periodo nazista.

ALDISIO, SALVATORE, nel 1919 è tra i fondatori in Sicilia del Partito Popolare di don Sturzo. Consultore nazionale, eletto nel 1946 per l'Assemblea Costituente. Deputato dal 1953 al 1964. Più volte ministro.

ALESSI, GIUSEPPE, primo Presidente della regione siciliana (1947). Senatore dal 1963 al 1968. Deputato dal 1968 al 1972.

AMBROSINI, GASPARE, eletto nel 1946 all'Assemblea Costituente per la DC. Deputato dal 1948 al 1953. Presidente della Corte Costituzionale dal 1962 al 1967.

ATTLEE, CLEMENT RICHARD, politico britannico, leader del Partito Laburista. Fu Primo ministro dal 1945 al 1951, accettò il Piano Marshall e avviò il Paese verso la ricostruzione.

BADALONI, MARIA, dirigente dell'Azione Cattolica. Deputata per la DC dal 1953 al 1972. Più volte membro del governo.

BARELLI, ARMIDA, Presidente della Gioventù Femminile dell'Azione Cattolica Italiana.

BARTOLOTTA, FRANCESCO, prefetto, capogabinetto del Presidente De Gasperi.

BASSO, LELIO, eletto nel 1946 nella lista PSI all'Assemblea Costituente. Deputato dal 1948 al 1972. Senatore dal 1972 al 1978.

BELLAVISTA, GIROLAMO, eletto nel 1946 all'Assemblea Costituente per il Gruppo parlamentare dell'Unione Democratica Nazionale. Deputato dal 1948 al 1953 per il PLI. Professore e avvocato di fama.

BELLOMO, NICOLA, generale italiano che combatté di propria iniziativa i tedeschi a Bari. Fu fucilato dagli Alleati perché ritenuto responsabile della morte di un ufficiale britannico prigioniero.

BENCIVENGA, ROBERTO, generale di Corpo d'Armata. Consultore nazionale, eletto nel 1946 all'Assemblea Costituente per la lista Blocco nazionale della libertà. Senatore nel 1948-49.

BENEDETTINI, LUIGI FILIPPO, eletto all'Assemblea Costituente nel 1946 per il Blocco nazionale della libertà.

BERLUTTI, GIORGIO, proprietario del giornale «Il Globo» e editore della «Libreria del Littorio» e di altri organismi di propaganda fascista.

BETTIOL, GIUSEPPE, Consultore nazionale, eletto nel 1946 per la DC all'Assemblea Costituente. Deputato dal 1948 al 1968. Senatore dal 1968 al 1976. Ministro della Pubblica Istruzione. Professore universitario.

BEVIN, ERNST, politico britannico (1881-1951). Fu Segretario di Stato per gli Affari Esteri nel governo Attlee ed ebbe un ruolo importante nell'accettazione del Piano Marshall e nella creazione della NATO.

BIDAULT, GEORGES, ministro degli Esteri francese, fu uno dei fondatori del Mouvement Républicain Populaire.

BONOMELLI, EMILIO, direttore delle Ville Pontificie di Castel Gandolfo.

BRUSASCA, GIUSEPPE, consultore nazionale, membro della delegazione italiana alla Conferenza di Pace di Parigi nel 1946. Eletto per la DC all'Assemblea Costituente nel 1946. Deputato dal 1948 al 1968. Senatore dal 1968 al 1972. Più volte sottosegretario di Stato.

CALAMANDREI, PIERO, giurista, designato alla Consulta Nazionale del Partito d'Azione, fu eletto nel 1946 all'Assemblea Costituente.

Deputato dal 1948 al 1953 (Unità Socialista). Professore universitario.

CAMERINO, RENZO, cavaliere del lavoro, prestigioso industriale del vetro.

CAMPILLI, PIETRO, consultore nazionale, eletto per la DC nel 1946 all'Assemblea Costituente. Deputato dal 1948 al 1963. Più volte ministro.

CANALI, PAOLO, consigliere diplomatico del Presidente De Gasperi, del quale fu segretario particolare per le questioni di politica estera dal 1944 al 1946. Successivamente fu ambasciatore in Irlanda.

CANEVARI, EMILIO, eletto nel 1946 all'Assemblea Costituente per il PSI. Senatore dal 1948 al 1958.

CAPPA, MARIA, moglie del Maestro Graziosi.

CAPPA, PAOLO, consultore nazionale, eletto nel 1946 per la DC all'Assemblea Costituente. Sottosegretario alla Presidenza del Consiglio (1946-47). Senatore dal 1948 al 1953. Deputato dal 1953 al 1956. Più volte ministro.

CAPPI, GIUSEPPE, eletto nel 1946 all'Assemblea Costituente per la DC. Deputato dal 1948 al 1955. Giudice della Corte Costituzionale nel 1955, ne divenne Presidente nel 1961.

CAPPUGI, RENATO, eletto nel 1946 per la DC all'Assemblea Costituente. Deputato dal 1948 al 1963. Dirigente sindacale.

CARANDINI, NICOLÒ, consultore nazionale per il PLI. Ambasciatore a Londra.

CARESANA, PAOLO, padre, sacerdote dell'oratorio San Filippo Neri, padre spirituale di monsignor Montini e molto amico del Presidente De Gasperi.

CARONIA, GIUSEPPE, docente universitario di pediatria. Eletto nel 1946 all'Assemblea Costituente per la DC. Deputato dal 1948 al 1958.

CERRETI, GIULIO, eletto nel 1946 all'Assemblea Costituente per il PCI. Deputato dal 1948 al 1963. Senatore dal 1963 al 1968.

CESCHI, STANISLAO, membro della direzione centrale della DC dal 1946 al 1949. Senatore dal 1948 al 1968.

CHIEFFI, FRANCESCO, eletto nel 1946 all'Assemblea Costituente per la DC. Deputato dal 1948 al 1953.

CHIOSTERGI, GIUSEPPE, eletto nel 1946 per il PRI all'Assemblea Costituente. Deputato dal 1948 al 1953.

CIANCA, ALBERTO, eletto nel 1946 all'Assemblea Costituente per il Partito d'Azione. Senatore dal 1953 al 1963 per il PSI.

CINGOLANI GUIDI, ANGELA MARIA, deputata e dirigente del Movimento Femminile della DC.

CINGOLANI, MARIO, consultore nazionale, eletto per la DC all'Assemblea Costituente nel 1946. Senatore dal 1948 al 1968. Più volte ministro.

CINGOLANI, MINO, segretario particolare del Presidente De Gasperi e suo fedelissimo collaboratore.

CLARK, MARK WESLEY, generale statunitense, ebbe il comando delle truppe americane in Europa nel 1943.

COLLAMARINI, UMBERTO, alto funzionario della Camera dei Deputati; importante collaboratore del Presidente De Nicola.

CONCI, ELISABETTA, eletta per la DC all'Assemblea Costituente nel 1946, parlamentare fino al 1965. Fu tra le fondatrici dell'Unione Parlamentare Europea Femminile, di cui fu Presidente dal 1959.

CORAZZIN, LUIGI, Presidente della Confederazione delle Cooperative. Consultore nazionale ed eletto per la DC all'Assemblea Costituente nel 1946.

CORBINO, EPICARMO, eletto all'Assemblea Costituente nel 1946 per il Gruppo misto. Esponente liberale.

CORSANEGO, CAMILLO, consultore nazionale, eletto per la DC nel 1946 all'Assemblea Costituente. Deputato dal 1948 al 1953. Avvocato concistoriale.

COSTANTINI, ANTONIO, eletto nel 1946 all'Assemblea Costituente per il PSI.

COVELLI, ALFREDO, eletto deputato nel 1946 all'Assemblea Costituente per il Blocco nazionale della libertà. Deputato dal 1948 al 1979.

CROCCO, ARTURO, professore, scienziato e membro dell'Accademia dei Lincei, dell'Accademia d'Italia e di quella Pontificia.

CROIZAT, AMBROISE, politico francese, ministro del Lavoro nel 1945-47.

DALL'OGLIO, CESARINO, Delegato Nazionale dei giovani democristiani (1947).

DALLA TORRE, GIUSEPPE, direttore dell'«Osservatore Romano» dal 1920 al 1960.

DANESE ANDREOTTI, LIVIA, consorte di Giulio Andreotti.

DE MERCURIO, UGO, eletto all'Assemblea Costituente per il PRI.

DE MITRI, LEONARDO, cancelliere dell'Alta Corte di Giustizia.

DE WILTON, ROBIN, generale inglese comandante di piazza a Pola, assassinato nel 1947 da Maria Pasquinelli.

DEL VECCHIO, GIORGIO, professore, docente di filosofia del diritto, Rettore dell'Università di Roma.

DOSSETTI, GIUSEPPE, consultore nazionale, eletto nel 1946 all'Assemblea Costituente nelle liste della DC. Nel 1947 fondò con Giorgio La Pira la rivista «Cronache sociali». Deputato dal 1948 al 1951, si ritirò dalla politica attiva in seguito a uno scontro di vedute con De Gasperi e fu ordinato sacerdote.

DUCLOS, JACQUES, politico francese, segretario del Partito Comunista.

FACCHINETTI, CIPRIANO, eletto per il PRI all'Assemblea Costituente nel 1946. Senatore dal 1948 al 1952. Fu Presidente della Federazione Nazionale della Stampa e del Consiglio d'Amministrazione dell'ANSA.

FERRINI, CONTARDO, professore, iscritto nell'albo dei beati.

FINOCCHIARO APRILE, ANDREA, deputato prefascista, fondò nel 1943 il Movimento per l'indipendenza siciliana. Eletto nel 1946 all'Assemblea Costituente per il Gruppo misto.

FRATTARELLI, EMILIO, autorevole giornalista parlamentare indipendente.

GALLETTO, ALBINO, monsignore, animatore del Centro Cattolico Cinematografico e segretario esecutivo della Pontificia Commissione per la Cinematografia.

GALLO, CONCETTO, capo dell'Esercito volontario per l'indipendenza siciliana. Eletto all'Assemblea Costituente nel 1946 per il Gruppo misto.

GASPAROTTO, LUIGI, consultore nazionale, su designazione del Partito Democratico del Lavoro fu eletto nel 1946 all'Assemblea Costituente. Senatore dal 1948 al 1953. Ministro e Presidente della Fiera di Milano.

GEDDA, LUIGI, Presidente dell'Azione Cattolica. Fondatore dei Comitati Civici a sostegno della campagna elettorale del 1948.

GEUNA, SILVIO, eletto nel 1946 per la DC all'Assemblea Costituente. Deputato dal 1948 al 1953.

GIANNINI, GUGLIELMO, fondò nel 1946 il settimanale «L'uomo qualunque» e l'omonimo movimento. Eletto nel 1946 per il suo partito all'Assemblea Costituente. Deputato dal 1949 al 1953.

GIORDANI, IGINO, scrittore, giornalista e deputato dal 1948 al 1953.

GONELLA, GUIDO, giornalista. Consultore nazionale, eletto nel 1946 per la DC all'Assemblea Costituente. Deputato dal 1948 al 1972. Senatore dal 1972 al 1982. Più volte ministro.

GRASSI, GIUSEPPE, eletto nel 1946 all'Assemblea Costituente per l'Unione democratica nazionale. Deputato dal 1948 al 1950 (PLI). Fu ministro di Grazia e Giustizia.

GRAZIOSI, ARNALDO, musicista accusato e condannato per uxoricidio.

GRONCHI, GIOVANNI, consultore nazionale, eletto nel 1946 per la DC all'Assemblea Costituente. Deputato dal 1948 al 1953. Dal 1949 al 1953 Presidente della Camera. Il 29 aprile 1955 eletto Presidente della Repubblica. Senatore a vita nel 1962.

GULLO, FAUSTO, eletto per il PCI all'Assemblea Costituente nel 1946. Deputato dal 1948 al 1972. Più volte ministro. La solidarietà che ha contraddistinto la sua azione politica lo fa ricordare come il «ministro dei contadini».

INFANTE, ADOLFO, generale, aiutante di campo di re Umberto II.

JACINI, STEFANO, consultore nazionale, eletto nel 1946 per la DC all'Assemblea Costituente. Senatore dal 1948 al 1952.

KESSERLING, ALBERT, feldmaresciallo responsabile della strage di Marzabotto del 29 settembre 1944.

LA GUARDIA, FIORELLO, attivista sociale, rivolse un interesse particolare agli immigrati e ai poveri. Fu sindaco di New York dal 1933 al 1945.

LA PIRA, GIORGIO, professore universitario. Eletto nel 1946 all'Assemblea Costituente per la DC. Membro della Commissione dei 75. Deputato dal 1948 al 1952, dal 1958 al 1961 e nel 1976-77. Fu sindaco di Firenze dal 1951 al 1958 e dal 1961 al 1965.

LACONI, RENZO, eletto nel 1946 all'Assemblea Costituente per il PCI. Deputato dal 1948 al 1967.

LAURO, ACHILLE, fondatore nel dopoguerra del Partito Nazionale Monarchico. Sindaco di Napoli nel 1951, rieletto nel 1954, nel 1956 e nel 1958. Deputato dal 1958 al 1963 (PNMP) e dal 1963 al 1968 (PDIUM). Senatore dal 1968 al 1972 (MSI-DN). Deputato dal 1972 al 1979.

LI CAUSI, GEROLAMO, consultore nazionale, eletto nel 1946 per il PCI all'Assemblea Costituente. Senatore dal 1948 al 1953. Deputato dal 1953 al 1968. Rieletto senatore dal 1968 al 1972.

LOLLI, CESIDIO, redattore dell'«Osservatore Romano».

LOMBARDI, RICCARDO, padre, autorevole gesuita autore di saggi sulla riforma della Chiesa e oratore molto noto detto il «microfono di Dio».

LUCIFERO D'APRIGLIANO, ROBERTO, consultore nazionale, eletto nel 1946 all'Assemblea Costituente nella lista del Blocco nazionale della libertà. Deputato dal 1948 al 1953 (PLI), senatore per il PNM dal 1953 al 1963.

MACKENSEN, GEORG HANS VON, ambasciatore, coinvolto nella strage per rappresaglia delle Fosse Ardeatine. Condannato a morte.

MACRELLI, CINO, eletto per il PRI all'Assemblea Costituente nel 1946. Senatore di diritto dal 1948 al 1953. Deputato dal 1953 al 1963.

MÄLTZER, KURT, generale, comandante della città di Roma, condannato a morte perché ritenuto responsabile della strage delle Fosse Ardeatine.

MARAZZA, ACHILLE, eletto nel 1946 all'Assemblea Costituente per la DC. Deputato dal 1948 al 1958. Più volte membro del governo.

MARCHESI, CONCETTO, consultore nazionale, eletto nel 1946 per il PCI all'Assemblea Costituente. Deputato dal 1948 al 1957. Più volte membro del governo. Autorevole professore universitario.

MARONI, LORENZO, magistrato. Presidente dell'Alta Corte di Giustizia.

MATTEOTTI, CARLO E GIANMATTEO, figli di Giacomo, assassinato nel 1924. Eletti all'Assemblea Costituente nel 1946 per il PSI e successivamente deputati.

MAUGERI, FRANCESCO, ammiraglio, fu Capo di Stato Maggiore della Marina nel 1947-48.

MELLONI, MARIO, giornalista, deputato della DC dal 1948, fu espulso dal partito nel 1954 perché votò contro l'adesione dell'Italia alla NATO. Eletto nel 1963 alla Camera per il PCI, scrisse con lo pseudonimo Fortebraccio corsivi politici per «l'Unità».

MENICHELLA, DONATO, Governatore della Banca d'Italia dal 1947 al 1960.

MERLIN, UMBERTO, consultore nazionale, eletto nel 1946 all'Assemblea Costituente per la DC. Senatore dal 1948 al 1964. Autorevole ministro democristiano.

MINIO, ENRICO, consultore nazionale, eletto nel 1946 all'Assemblea Costituente per il PCI. Senatore dal 1948 al 1963. Deputato dal 1963 al 1968.

MOLOTOV (pseudonimo di Vjaceslav Mihailovič Scrjabin), politico sovietico, nel 1912 fondò con Stalin il giornale «Pravda». Presidente del Consiglio dei commissari del popolo dal 1930 al 1941, come ministro degli Esteri nel 1939 firmò il trattato di non aggressione russo-tedesco, noto come patto Molotov-Ribbentrop.

MORANDI, RODOLFO, fu tra i protagonisti della Resistenza nell'Alta Italia. Consultore nazionale, eletto per il PSI nel 1946 all'Assemblea Costituente. Senatore dal 1955, fu ministro dell'Industria e Commercio.

MORLION, FELIX, padre domenicano, fondatore dell'Università Pro Deo.

NOBILI, FRANCO, vicedelegato nazionale dei giovani democristiani nel 1947. Presidente dell'IRI dal 1989 al 1993.

ORLANDO, VITTORIO EMANUELE, consultore nazionale, eletto nel 1946 all'Assemblea Costituente per l'Unione democratica nazionale. Senatore dal 1948 al 1952. Già Presidente del Consiglio (1917-19) e Presidente della Camera (1919-20).

PACCIARDI, RANDOLFO, eletto nel 1946 per il PRI all'Assemblea Costituente. Deputato dal 1953 al 1968. Più volte ministro.

PARATORE, GIUSEPPE, eletto nel 1946 per l'Unione democratica nazionale all'Assemblea Costituente. Senatore dal 1948, Presidente del Senato (1952-53). Nominato senatore a vita nel 1957.

PARONETTO, SERGIO, funzionario dell'IRI e promotore del Codice di Camaldoli.

PASTORE, GIULIO, sindacalista. Consultore nazionale, eletto nel 1946 per la DC all'Assemblea Costituente. Deputato dal 1958 al 1969. Più volte ministro.

PELLA, GIUSEPPE, eletto all'Assemblea Costituente nel 1946 per la DC. Deputato dal 1948 al 1968. Senatore dal 1968 al 1976. Più volte ministro. Presidente del Consiglio nel 1953-54. Presidente dell'Assemblea della CECA nel 1954-55.

PELLEGRINI, GIACOMO, eletto nel 1946 all'Assemblea Costituente per il PCI. Senatore dal 1948 al 1963.

PESENTI, ANTONIO, consultore nazionale, eletto nel 1946 all'Assemblea Costituente per il PCI. Deputato dal 1948 al 1953. Senatore dal 1953 al 1968. Già ministro delle Finanze.

PICCIONI, ATTILIO, consultore nazionale, eletto nel 1946 per la DC all'Assemblea Costituente. Deputato dal 1948 al 1963. Senatore dal 1963 al 1976. Più volte ministro.

PILOTTI, MASSIMO, Procuratore Generale della Corte di Cassazione, monarchico.

POLETTI, CHARLES, colonnello, responsabile del comando degli Affari Civili della Sicilia durante il Governo Militare Alleato nel 1943.

PORZIO, GIOVANNI, consultore nazionale, eletto nel 1946 all'Assemblea

Costituente per la lista Unione democratica nazionale. Senatore dal 1948 al 1953.

QUARONI, PIETRO, ambasciatore d'Italia a Parigi dal 1946, svolse un ruolo di primo piano aiutando il Presidente De Gasperi nella fase del Trattato di Pace e del reinserimento dell'Italia sulla scena internazionale.

RADOSSI, RAFFAELE, monsignor, vescovo di Pola.

RAMADIER, PAUL, socialista. Primo ministro francese (1947).

RAPELLI, GIUSEPPE, sindacalista, consultore nazionale, eletto nel 1946 all'Assemblea Costituente. Deputato dal 1948 al 1963.

REALE, EUGENIO, ambasciatore d'Italia a Varsavia (1945-1947). Consultore nazionale, eletto nel 1946 per il PCI all'Assemblea Costituente. Senatore dal 1948 al 1953.

ROMANELLI, PIETRO, archeologo, illustre cattedratico. Presidente dell'Istituto Nazionale di Studi Romani dal 1960 al 1980.

ROMANI DE GASPERI, FRANCESCA, consorte di Alcide De Gasperi.

ROMITA, GIUSEPPE, consultore nazionale, eletto nel 1946 per il PSI all'Assemblea Costituente. Senatore dal 1948 al 1953. Deputato dal 1953 al 1958. Più volte ministro.

ROSSI, PAOLO, eletto nel 1946 all'Assemblea Costituente per il PSI. Membro della Commissione dei 75 e del Comitato dei 18 incaricato della redazione del testo della Costituzione. Deputato dal 1950 al 1968, fu ministro della Pubblica Istruzione. Presidente della Corte Costituzionale dal 1975 al 1979.

RUINI, MEUCCIO, consultore nazionale, eletto per il Partito Democratico del Lavoro all'Assemblea Costituente nel 1946. Presiede la Commissione dei 75. Senatore dal 1948, nel 1953 Presidente del Senato, nel 1963 senatore a vita. Già Presidente del Consiglio di Stato nel 1947.

SAGGIN, MARIO, eletto per la DC all'Assemblea Costituente nel 1946. Deputato dal 1948 al 1953.

SALOTTI, CARLO, cardinale, vescovo di Palestrina dal 1939 al 1947.

SANSONE, LUIGI RENATO, consultore nazionale, eletto nel 1946 per il

PSI all'Assemblea Costituente. Deputato dal 1948 al 1953. Senatore dal 1953 al 1963.

SANTIN, ANTONIO, monsignor, vescovo di Trieste dal 1938 al 1975.

SCHIAVETTI, FERNANDO, eletto nel 1946 all'Assemblea Costituente, aderisce al Gruppo autonomista. Deputato dal 1953 al 1963 per il PSI. Senatore dal 1963 al 1968.

SCHUMAN, ROBERTO, ministro delle Finanze del governo Ramadier, fu uno dei padri dell'Europa unita.

SCOCCIMARRO, MAURO, eletto all'Assemblea Costituente per il Partito Comunista. Senatore dal 1948. Più volte ministro.

SERENI, EMILIO, consultore nazionale, eletto per il PCI nel 1946 all'Assemblea Costituente. Senatore dal 1948 al 1963. Deputato dal 1963 al 1972.

SFORZA, CARLO, ambasciatore, eletto all'Assemblea Costituente nel 1946, aderì al Gruppo parlamentare repubblicano. Senatore di diritto nel 1948, ministro degli Esteri dal 1947 al 1951.

SORRENTINO, ANTONIO, Consigliere di Stato e successivamente avvocato.

STONE, ELLERY, ammiraglio, capo della Commissione Alleata di Controllo in Italia, poi direttore della sezione Affari Italiani presso il Quartier Generale Alleato.

SUHARD, EMANUELE CELESTINO, cardinale, arcivescovo di Parigi.

SULLO, FIORENTINO, eletto nel 1946 all'Assemblea Costituente per la DC. Deputato dal 1948 al 1987. Più volte membro del governo.

TARCHIANI, ALBERTO, ambasciatore d'Italia a Washington dal 1945 al 1955.

TARDINI, DOMENICO, cardinale, autorevole Segretario di Stato vaticano.

TAYLOR, MYRON CHARLES, rappresentante personale del Presidente Truman in Vaticano (1946-50).

TERRACINI, UMBERTO, consultore nazionale. Eletto nel 1946 per il PCI all'Assemblea Costituente, ne diventa Presidente. Senatore dal 1948 al 1983. Presidente del Gruppo comunista al Senato.

TOGNI, GIUSEPPE, consultore nazionale, eletto nel 1946 all'Assemblea Costituente per la DC. Deputato dal 1948 al 1968. Senatore dal 1968 al 1976. Più volte ministro.

TONELLO, TOMMASO, giornalista, eletto nel 1946 all'Assemblea Costituente per il PSI. Senatore dal 1948 al 1953.

TONETTI, GIOVANNI, eletto all'Assemblea Costituente nel 1946 per il PSI e deputato dal 1953 al 1963.

TONIOLO, GIUSEPPE, economista di fama internazionale e professore, gettò le basi della prima Democrazia Cristiana. È iscritto nell'albo dei beati.

TOSATO, EGIDIO, eletto nel 1946 all'Assemblea Costituente per la DC, membro e relatore della Commissione dei 75. Deputato dal 1948 al 1963. Senatore nel 1963-64. Più volte ministro. Professore universitario.

TROILO, ETTORE, comandante della brigata partigiana Maiella e prefetto di Milano nominato dal CLN in carica fino al 1947.

TUPINI, UMBERTO, consultore nazionale, eletto per la DC all'Assemblea Costituente nel 1946. Senatore dal 1948 al 1968. Più volte ministro.

VANONI, EZIO, professore universitario. Consultore nazionale, eletto nel 1946 per la DC all'Assemblea Costituente. Senatore dal 1948 al 1956. Più volte ministro.

VILLABRUNA, BRUNO, consultore nazionale, eletto nel 1946 all'Assemblea Costituente per il PLI. Deputato dal 1948 al 1968. Ministro dell'Industria e del Commercio nel governo Scelba. Collaboratore di Giolitti.

INDICE

Finito di stampare
nel mese di maggio 2005 presso
Nuovo Istituto Italiano d'Arti Grafiche - Bergamo

Printed in Italy